浙江省社科联科普课题（12ZC04）

青少年定向越野

主　编　胡靖平

副主编　骆华清

北京工业大学出版社

图书在版编目（CIP）数据

青少年定向越野 / 胡靖平主编；骆华清副主编 .
北京：北京工业大学出版社，2024.7. -- ISBN 978-7
-5639-8691-0

Ⅰ . G826

中国国家版本馆 CIP 数据核字第 20243ZN397 号

青少年定向越野
QINGSHAONIAN DINGXIANG YUEYE

主　　编： 胡靖平

责任编辑： 张明林

封面设计： 墨创文化

出版发行： 北京工业大学出版社

　　　　　　（北京市朝阳区平乐园 100 号　邮编：100124）

　　　　　　010-67391722（传真）　bgdcbs@sina.com

经销单位： 全国各地新华书店

承印单位： 北京旺鹏印刷有限公司

开　　本： 710 毫米 ×1000 毫米　1/16

印　　张： 8.5

字　　数： 90 千字

版　　次： 2024 年 7 月第 1 版

印　　次： 2024 年 7 月第 1 次印刷

标准书号： ISBN 978-7-5639-8691-0

定　　价： 49.80 元

作者简介

胡靖平

　　胡靖平，男，1968年3月出生，现任金华职业技术学院军事与体育工作部带头人，浙江省定向运动协会副秘书长，金华市定向运动协会副会长。从事定向运动教学与训练工作二十余年，多次带领学校学生定向运动队、金华市定向运动队参加全国学生定向越野锦标赛、浙江省学生定向越野锦标赛、浙江省大学生运动会定向比赛、浙江省体育大会定向比赛，均取得了优异成绩。曾主编由浙江省体育局组织的浙江省非奥项目教练员、裁判员培训基地定向运动培训教材。

骆华清

　　骆华清，男，1988年出生，金华市定向运动协会秘书长，浙江省义乌众向体育发展有限公司总经理。曾在全国学生定向越野锦标赛、浙江省大学生运动会定向比赛、浙江省学生定向越野锦标赛中获得多枚金、银、铜牌。

前 言

　　定向运动是一项发源于北欧的体育活动，它集智力与体能的发展于一身。该项运动引入我国后，深受青少年朋友的喜爱。全国各地都有大量定向运动爱好者，每年都有各种规模的赛事活动，如全国定向越野锦标赛、全国学生定向越野锦标赛等。国内介绍定向运动的书籍和资料也日趋丰富，它们成为定向运动者开展活动的有力指南。但是，这些书籍大多是高校体育专业和公共体育课的教材，以大学教师和专业的学生作为主要的读者对象，其内容对青少年读者特别是中小学生来说，过于深奥和抽象。为此，本书编者结合自己多年从事青少年定向运动教学与训练工作的实践经验，编写了此书，以帮助青少年读者更具体直观、更便捷地了解定向运动的基本知识与技能，并在此基础上提高自己的定向运动水平。

　　本书在编写过程中，力图体现如下特点：第一，言简意赅，通俗易懂。本书用切合青少年阅读能力的简练语言成文，便于青少年读者快速掌握定向运动的基本知识、技术与技能。第二，具体形象，易于理解。本书将定向运动中大量的符号说明与实际图片——对应起来，便于青少年读者快速理解与记忆定向运动中大量的符号含义。第三，本书提供了丰富的线上资源，共享"浙江省高等学校在线开放课程共享平台"（https://www.zjooc.cn/），以便于不同层次的读者深入学习定向运动。线上平台中有大量的教学视频、练习与测试题库，还有较好的交流平台，这些都有利于读者全面学习定向运动的知识、技术与技能，对于提高学习效率有着重要的帮助。

本书内容涵盖了定向越野的基本知识、基本技术、能力提高方法，并就赛事类型、竞赛规则等方面作了详细阐述，同时还附有检查点符号解释、定向运动图例与实景案例等资料，将抽象的符号转换成具体的实物图片。

在本书编写过程中，编者参阅了国内外许多学者的研究成果，在此向他们表示诚挚的谢意。

本书的编写虽然经过较长时间的酝酿，但由于编者水平有限，书中难免有疏漏之处，望各位同人批评和指正。

编　者

2022 年 1 月

目　录

青 少 年 定 向 越 野

第一章
认识定向运动

定向运动是一项极富冒险性的运动，它是任何喜爱户外运动的人都可以参加的一项体育项目，通常在森林、郊外和城市公园里进行，也可在大学校园里进行。定向运动又称定向越野运动，主要包括徒步定向、滑雪定向、山地自行车定向和轮椅定向等运动项目，本书主要阐述的是徒步定向。

第一节　初识定向越野运动

一、定向越野运动起源

（一）一项来自欧洲的运动

定向运动起源于北欧国家瑞典，最初是一项军事体育活动，只有男性可以参加。"定向"一词是在 1886 年首次使用的，意思是在地图和指北针的帮助下穿越未知地带。

1895 年，在瑞典和挪威－瑞典联盟的军营中举行了第一届正式的定向运动比赛，标志着定向运动作为一项体育项目的诞生。定向运动是欧洲古老的有组织的体育项目之一。

（二）推动定向越野运动发展的人

吉兰特（如图 1-1），瑞典人，瑞典斯德哥尔摩业余运动协会主席。20 世纪初，他开始尝试将定向运动改造成一种大众化的运动形式。为了使自然环境中的越野跑变得更有吸引力，吉兰特将定向运动引入越野训练和比赛中，让运动员利用地图和指北针，自己选择路线进行训练和比赛，最终取得了极大的成功。1912 年，在吉兰特的倡导下，定向运动成为瑞典的竞技运动项目。吉兰特也被人们称为"现代定向运动之父"。

图 1-1　吉兰特

（三）定向越野运动在中国

定向运动在中国的传播始于台湾和香港。1979 年，香港野外定向会成立。1982 年，香港野外定向会与驻港英军及皇家警察定向联合会一起组织成立了香港野外定向总会（OAHK）。同年底，香港野外定向总会成为国际定向运动联合会（国际定联）的正式成员。

中国内地定向运动首先是从军队开始的。1983 年 3 月 10 日，在广州市白云山，中国人民解放军体育学院（今中国人民解放军陆军特种作战学院）举行了"定向越野实验比赛"。同年 5 月，中国人民解放军后勤工程学院、解放军测绘学院（今中国人民解放军信息工程大学测绘学院）也先后举行了定向越野比赛；7 月，北京市测绘学会在密云举行了一次有 100 多名中小学生参加的定向越野比赛。这些活动的开展，标志着定向运动在内地的传播拉开了序幕。

1984 年 7 月，国家体委（今国家体育总局）派出由北京体育学院（今北京体育大学）大学生组成的中国大学生定向运动代表团，参加在瑞典举行的第 4 届世界大学生定向越野锦标赛。1987 年 3 月，《军事测绘》杂志社组织翻译出版《国际定向运动制图规范》《国际检查点说明符号》。同年，解放军出版社发行了张晓威编著的《定向越野》。1989 年 3 月，测绘出版社出版由李德银、陈松乔编著的《定向越野指导》。这些书籍的出版发行对定向运动在国内的传播发挥了重要的作用。

1991 年 12 月，国家体委批准中国无线电运动协会下设"中国定向运动委员会"，自此定向运动作为一种体育项目有了自己的组织。

1992 年 7 月，中国成为国际定联会员。

1993 年 4 月，国家教委（今教育部）在北京化工学院（今北京化工大学）举办全国高等院校定向运动教练员培训班。

1994 年 9 月 26 日，首届全国定向运动锦标赛在北京怀柔举行。

1995 年，"中国定向运动委员会"更名为"中国定向运动协会"。同年 8 月，国家教委"中国大学生国防体育协会"在吉林成立，同时举行了首届中国大学生国防体育节暨定向越野锦标赛。

1998 年 3 月 16 日，教育部在湖南大学成立"中国大学生定向运动培训中心"，作为全国性的定向运动教练员培训基地。

1999 年 1 月 10 日，世界公园定向组织（PWT）与中国大学生国防体育协会签订为期 3 年的合作协议，在部分高校举办定向运动知识讲座，帮助开展教练员、制图员培训工作，以及指导组织校园、公园定向地图的制作，并组织比赛。同年，浙江省教育委员会专门颁发了文件，将定向运动作为体育教学改革的重要内容列入大学、中学体育课程。

2000 年，上海市将定向越野比赛设为学生运动比赛项目。

2002 年 5 月，定向运动被列为全国体育大会正式比赛项目。

2003 年 12 月 4 日，隶属于教育学生体育协会的"中国大学生体育协会定向运动分会"在浙江成立。

2004 年 12 月 24 日，具有独立法人资格的"中国定向运动协会"在北京正式成立。同年，定向运动被列为全国大学生运动会正式比赛项目，这大大激发了各省市（区）教育系统发展定向运动的热情，定向运动在中国的发展进入加速期。

2005 年，我国首次组队参加世界定向锦标赛。

二、多种多样的定向越野运动

（一）公园里的风景

定向比赛可以在公园中进行，公园中的游客可以置身于比赛之中，观察运动员在比赛中的表现。例如：2005 年，在金华婺州公园就进行过世界公园巡回赛；2008 年全国学生定向越野锦标赛就。在三亚的天涯海角海边公园中进行（如图 1-2）。

图 1-2 2008 年海南三亚全国学生定向越野锦标赛

（二）野外森林的挑战

在野外森林中进行的定向比赛是最具有挑战性的比赛之一。在野外森林中，运动员的视野因受到树木的遮挡而变小，运动员需要靠娴熟的定向技术来寻找方向和路线，尽快到达目的地。图 1-3 为 2009 年广东中山全国学生定向越野锦标赛的林中越野场景。

图 1-3 2009 年广东中山全国学生定向越野锦标赛

（三）穿越城市人文景观

2016 年，在海南省三亚市举办的全国学生定向越野锦标赛百米定向赛就是在该市中心城市广场进行的。运动员在拥挤的人群中穿梭，也是一件不容易的事（如图 1-4）。

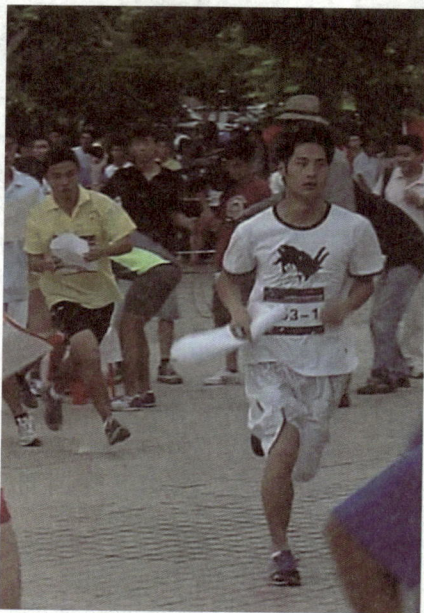

图 1-4　2016 年海南三亚全国学生定向越野锦标赛

（四）向古村落致敬

我国南方有很多古村落，现在都是旅游热地，古村落里的小巷多而弯曲，犹如迷宫，如果没有地图的指引，行人就很容易迷失方向。2018 年，在浙江省金华市寺平古村就举办过一次全市学生定向越野锦标赛（如图 1-5）。

图1-5　浙江金华市穿越古村落定向比赛

（五）体验水上飞的感觉

近些年来水上定向也进入了人们视野，浙江舟山就利用水域宽广、小岛星罗棋布的区域结合划船运动举办过水上定向比赛，吸引了众人的参与。

第二节　定向越野运动概述

一、地图与指北针的游戏

运动员在穿越森林、沼泽、公园和险峻的山地时，必须具备准确识图的能力、熟练使用指北针的能力，并能迅速选择最佳的前进路线。定向运动就是运动员利用一张详细精确的地图和指北针，以最短的时间，按顺序到访地图上所标示路线的各个点标，在每两个点标之间选择自己认为的最佳路线前进到下一个点标直到终点。这种脱离公路跑是极为独特而令人兴奋的经历，每一次都会让人有不同的体验。

这种路线选择能力、借助地图和指北针在野外和公园里辨明方向并以最快速度按顺序到达目的地的能力，便是定向运动的精髓所在。

定向运动是一项智力与体力相结合的运动，只有二者协调配合才能取得期望的理想成绩。

任何一张普通地图都可以用来进行定向运动，但就定向运动比赛而言，则需要专用的定向运动地图。通常将在定向运动地图上标绘的路线称为定向比赛路线，它包括一个起点（等边三角形）、一个终点（两个同心圆）和若干个带有序号的检查点（单圆圈），并从起点开始，用连线将检查点按序号连起来，直到终点。地图上，比赛路线符号均为紫红色（如图 1-6）。

在实地，检查点位于检查点圆圈圆心处的地形特征上，并用一个橘黄和白色相间的点标旗在这个特征上或特征旁标记出来，这个特征被称为检查点特征。每个检查点上都有一个或多个带有唯一编码的打卡器，为参赛者提供到访记录。参赛者手持检查卡，由起点开始，按顺序到访比赛路线上的各个检查点，并在检查卡上留下打卡器的编码，直到终点，完成比赛。

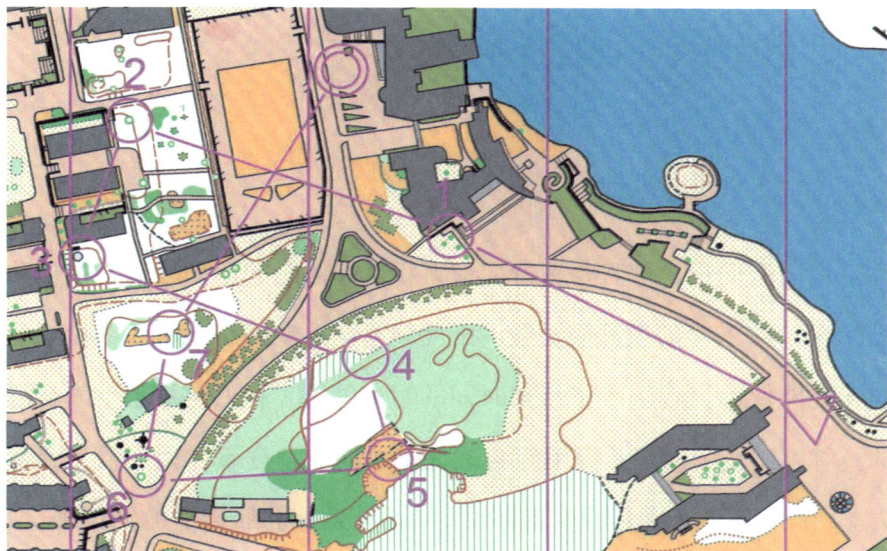

图 1-6 校园定向图

定向比赛中，要求参赛者选择一条最适合自己的由一个点到下一个点的路线。相邻两个检查点间的距离以直线为最短，但实际情况中，沿直线前进往往不是最佳选择。沿直线前进，你可能遇到不可翻越的障碍，也可能在没有明显特征的密林中不断地拐弯绕道而迷失方向，还可能因不得不翻越陡峭的山地而过早地耗竭自己的体能，耗费更多的时间。在整个参赛过程中，要求参赛者必须集中注意力，在控制好身体运动状态的同时，标定地图，通过地图了解实际地形的通视度和易跑性，找出导航特征，运用多种定向技术在地图上找出两个检查点之间各种可能的路线，结合实际地形、个人综合能力和经验迅速地进行分析判断，果断地确定最适合自己的行进路线，然后运用各种定向技术确保自己沿着选定的路线前进。

二、体能与智能相结合的运动

（一）体能

定向运动是一种需要有持久耐力和良好体能的运动，比赛中运动员体内大约 90% 的氧都需要最大限度地参与运动。定向运动所特有的趣味性能使参与者乐于坚持长时间的耐力锻炼，他们穿梭于空气新鲜的丛林、山地、溪流、湖泊等自然风光之间，角逐着体力，较量着智力。因此，定向运动是一项能有效发展心肺适能和肌肉适能的运动。

1. 快速

在定向比赛中，为取得好成绩，运动员必须全速奔跑。

2. 高乳酸

在定向比赛中，运动员身体内的乳酸含量会达到很高的数值，运动员心率为 140 ～ 180 次 / 分，血乳酸水平在 3.6 ～ 6.7 毫摩尔 / 升之间变化。

（二）智能

定向运动涉及多学科的知识与技能。通过定向运动的学习，我们能较好地掌握自然地理学、环境地理学等知识并运用于实践之中。同时，参与定向运动能有效地培养与提高野外工作和生活的能力。比例尺、距离、方向、位置、形状以及空间的确定、测量与分析等，涉及应用数学知识和解决生活中实际问题的能力。定向运动中关键的方向、位置、路线选择、地图的内容和前进的速度五要素，对培养参与者综合分析和独立分析问题、解决问题的能力有着明显的促进作用。

1.独立性

定向运动实质上是一项独立性极强的运动。从起点到终点要求运动员必须独立地做出所有决定。运动员必须独立处理在比赛过程中发生的任何事情。

2.快速决定

运动员必须不断地做出新的决定："我在这儿，我要到那儿。"频繁读图，依靠指北针，在崎岖不平的路上，简化地貌，自始至终地选择，不断前进。

3.压力

运动员在比赛中会超越其他选手或被超越。那种期望获胜或害怕失败的心理时常分散快速找到下一个点标的注意力，运动员始终都面临着内在或外在因素的影响，而这些压力都对他所要做出的决定产生间接的影响。当运动员置身于嘈杂的环境中，要集中注意力是非常困难的。

在比赛过程中，参与者只能依靠自己控制好自己的情感，排除干扰，集中注意力独立处理比赛中所发生的各种问题，迅速做出判断和决定。克服重重困难，最终胜利到达终点，会让自己有非常强烈的成功感，从而提高自立、自信以及在压力下独立解决问题的能力和应变能力，这些对培养参与者顽强的意志力以及沉着冷静、坚韧不拔等品质有良好的促进作用。

第二章
地图与指北针

第一节　地图

　　地图是根据特定的数学法则，使用地图符号系统，经过制图综合取舍，并按照一定的比例，将地球表面物体或现象通过缩影标示到平面上的图形。缩小了的地图不可能标示地球上所有物体或现象，只能根据地图的用途有选择地标示某些主要内容，而且随着比例尺的缩小，地图所要标示的特征在地图上越来越小。

　　定向地图是一种专用地图，是一种附加了地面阻碍或妨碍通行信息和易跑性信息，用磁北线定向的详细地形图。为了能给在高速奔跑中的参与者提供导航帮助，定向地图强调在确保清晰易读的前提下，详细描述所有可能影响读图、路线选择以及对导航有重要意义的特征及其属性，特别强调奔跑中可能观察到的明显特征、阻碍通行或妨碍通行的特征、植被的易跑性和通视度（如图 2-1）。

缙云黄龙景区定向地图

1:5000

图例

高速公路/主干道	大/小洼地
行人路	丘/小丘
行人较多的道路	土堆/小土垣
机动车道	冲沟/小冲沟
小径/小路	湖/塘
穿林道	不能通过/空旷地的淤泥地
台阶/长台阶	淤泥地/不明显的淤泥地
铁路	小河/小桥可通过
公园空中铁路/输电线	小水渠/穿沼泽地
主干输电线	井/泉/水坑
隧道	沥青/砾石地
不可穿越的高墙	有树木的沥青地/砾石地
可穿越的墙/破墙	凌乱地，禁地
高围墙/出入口	空旷地/有零星树木的空旷地
围栏/残破围栏	较凌乱空旷地/有零星树木的较凌乱空旷地
建筑物/通道	森林：慢跑
不可通行的建筑物	森林：难跑
坟墓/废地/小废墙	丛林：通行困难
靶场	矮草丛：有些难跑/矮树丛：难跑
高墙/塔	禁入私人区/农作物地
可跨越/不可通过的陡崖	果园/花坛
石坑/洞穴	众多的竹林群，可通过
石块/大石块	特殊植被/室外灭火器
巨石场/大石块	独立树/灌木丛
石堆	塑像/大塑像
巨石场/石地	石桌/石椅
明显的地界线/不同植被间的界线	电线杆/人造物 ×/人造物○
等高线	凉亭
辅助等高线/示坡线	禁止通行的路径
土堆	医务处
大坑/坑	

男子组		1.7千米		
▷				
1	31			
2	32			
3	33	■		
4	34			
5	35			
6	36			
7	37	■		
8	38			
9	39	■		
◎		270米		◎

图 2-1 浙江缙云黄龙景区定向地图

一、定向地图的比例尺

地图比例尺的大小决定地图内容标示的详细程度和地图测量的精度。地图的比例尺越大，地图测量的精度越高。

定向地图比例尺一般用数字形式来表示，如 1∶10 000。也可用文字表示，如万分之一，1 厘米代表实地 100 米。

定向地图比例尺通常在 1∶500 至 1∶15 000 之间。比例尺选择主要取决于项目类型、参赛者的年龄和使用领域。如百米定向地图的比例尺通常为 1∶500 或 1∶1 000，长距离比赛地图的比例尺通常为 1∶10 000 或 1∶15 000。

二、定向地图的符号

为了使定向地图容易阅读和理解，定向地图中使用了各种不同的符号，定向地图上的符号是统一的，不分国籍，任何人都可以读懂（如图 2-2）。

地 貌 Land forms	人工地物 Man-made features	水体与湿地 Water and marsh
基本等高线 Contour	高级公路 Motorway	湖泊 Lake 池塘 Pond
指标等高线 Index contour	公路 Major road	水坑 Waterhole 井 Well
辅助等高线 Form line	车路 Minor road	不能通过的河流 Uncrossable river
冲沟 Erosion gully	车道 Road	河流 Crossable watercourse
小冲沟／干沟 Small erosion gully	车径 Vehicle track	溪流／水渠 Crossable small watercourse
示坡线 Slope line	步道 Footpath	季节性溪流／水渠 Minor water channel
土坎／土崖 Earth bank	小径 Small path	不能通过的湿地 Uncrossable marsh
坑洼地 Broken ground	不明显小径 Less distinct small path	
等高线注记 Contour value	窄道 Narrow ride	

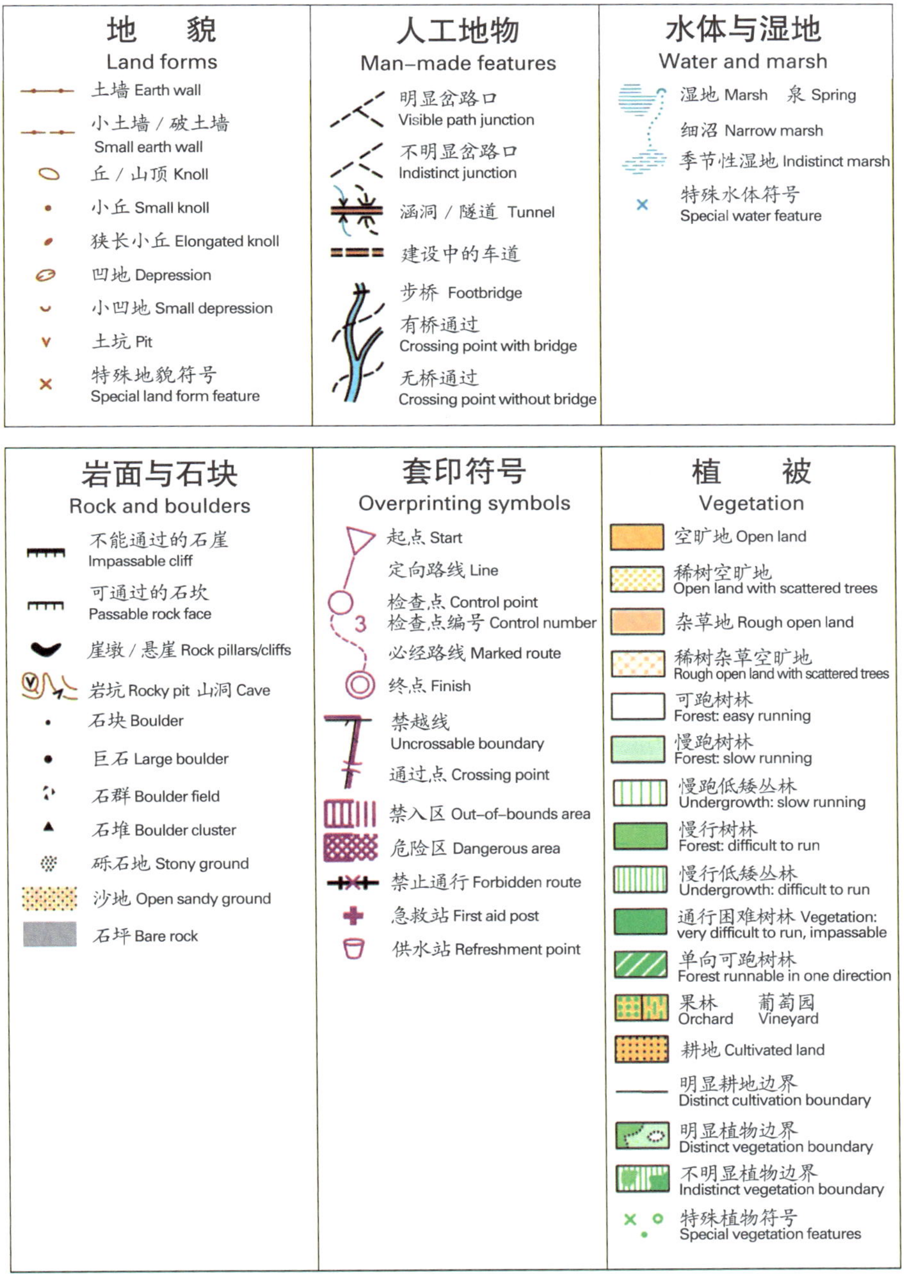

地 貌
Land forms

- 土墙 Earth wall
- 小土墙 / 破土墙 Small earth wall
- 丘 / 山顶 Knoll
- 小丘 Small knoll
- 狭长小丘 Elongated knoll
- 凹地 Depression
- 小凹地 Small depression
- 土坑 Pit
- 特殊地貌符号 Special land form feature

人工地物
Man-made features

- 明显岔路口 Visible path junction
- 不明显岔路口 Indistinct junction
- 涵洞 / 隧道 Tunnel
- 建设中的车道
- 步桥 Footbridge
- 有桥通过 Crossing point with bridge
- 无桥通过 Crossing point without bridge

水体与湿地
Water and marsh

- 湿地 Marsh 泉 Spring
- 细沼 Narrow marsh
- 季节性湿地 Indistinct marsh
- 特殊水体符号 Special water feature

岩面与石块
Rock and boulders

- 不能通过的石崖 Impassable cliff
- 可通过的石坎 Passable rock face
- 崖墩 / 悬崖 Rock pillars/cliffs
- 岩坑 Rocky pit 山洞 Cave
- 石块 Boulder
- 巨石 Large boulder
- 石群 Boulder field
- 石堆 Boulder cluster
- 砾石地 Stony ground
- 沙地 Open sandy ground
- 石坪 Bare rock

套印符号
Overprinting symbols

- 起点 Start
- 定向路线 Line
- 检查点 Control point
- 检查点编号 Control number
- 必经路线 Marked route
- 终点 Finish
- 禁越线 Uncrossable boundary
- 通过点 Crossing point
- 禁入区 Out-of-bounds area
- 危险区 Dangerous area
- 禁止通行 Forbidden route
- 急救站 First aid post
- 供水站 Refreshment point

植 被
Vegetation

- 空旷地 Open land
- 稀树空旷地 Open land with scattered trees
- 杂草地 Rough open land
- 稀树杂草空旷地 Rough open land with scattered trees
- 可跑树林 Forest: easy running
- 慢跑树林 Forest: slow running
- 慢跑低矮丛林 Undergrowth: slow running
- 慢行树林 Forest: difficult to run
- 慢行低矮丛林 Undergrowth: difficult to run
- 通行困难树林 Vegetation: very difficult to run, impassable
- 单向可跑树林 Forest runnable in one direction
- 果林 Orchard 葡萄园 Vineyard
- 耕地 Cultivated land
- 明显耕地边界 Distinct cultivation boundary
- 明显植物边界 Distinct vegetation boundary
- 不明显植物边界 Indistinct vegetation boundary
- 特殊植物符号 Special vegetation features

图 2-2 定向地图符号对照图

三、定向地图上的颜色

定向地图上可以有 8 种颜色，其中 7 种颜色用于表达地理要素和技术符号，紫红色用于表达路线。7 种颜色与各种符号结合即可标示出复杂的地物和微小地貌（如图 2-3）。

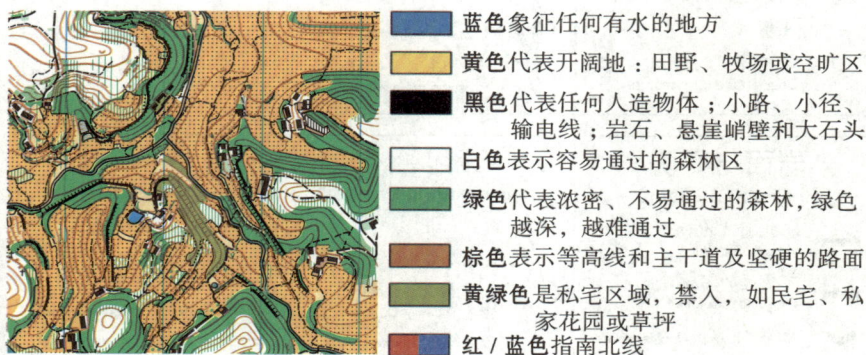

蓝色象征任何有水的地方

黄色代表开阔地：田野、牧场或空旷区

黑色代表任何人造物体；小路、小径、输电线；岩石、悬崖峭壁和大石头

白色表示容易通过的森林区

绿色代表浓密、不易通过的森林，绿色越深，越难通过

棕色表示等高线和主干道及坚硬的路面

黄绿色是私宅区域，禁入，如民宅、私家花园或草坪

红/蓝色指南北线

图 2-3　定向地图颜色说明

四、定向地图上的山

在地形图上，对地球表面高低起伏的变化形态（如山地、丘陵地、平原、谷地等，它们和水系一起构成地形图上其他要素的自然基础）是用等高线来显示的。等高线是地球表面上高度相等的各点连接而成的曲线（如图 2-4）。

等高线表达地貌（如图 2-5）具有以下几个特点：第一，同一条等高线上，各点的高度相等。第二，等高线为连续闭合的曲线。第三，同一幅定向地图上，等高线越密，坡度越陡；等高线越稀，坡度越平缓。

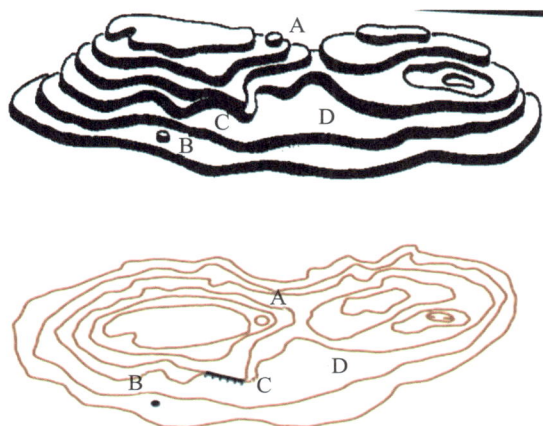

图 2-4 地貌的表达（1）

第四，等高线的弯曲形状与相应实地的地貌形态相似。第五，等高线与山脊、山脊线、山谷线正交。

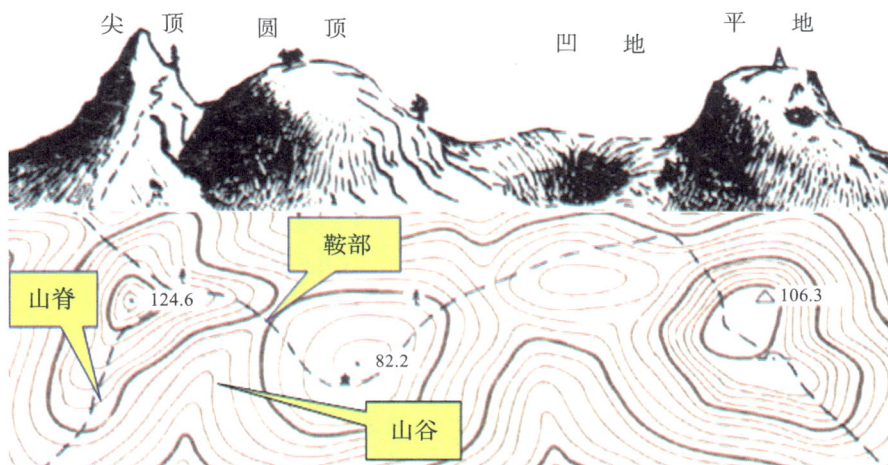

图 2-5 地貌的表达（2）

五、定向地图上的检查点说明表

　　检查点说明表也是影响比赛难度的一个重要因素。能否熟练运用检查点说明表辅助进行路线选择，迅速而准确地"捕捉"检查点也是反映定向运动员技能水平的一个重要方面。

　　检查点说明表是按检查点顺序排列，运用一套符号体系构成的一条简短而精确的定向比赛路线的说明表，包括赛事名称、组别、比赛路线代码、路线长度和爬高量、起点、各检查点、必经路线、终点等信息的说明（如图2-6）。

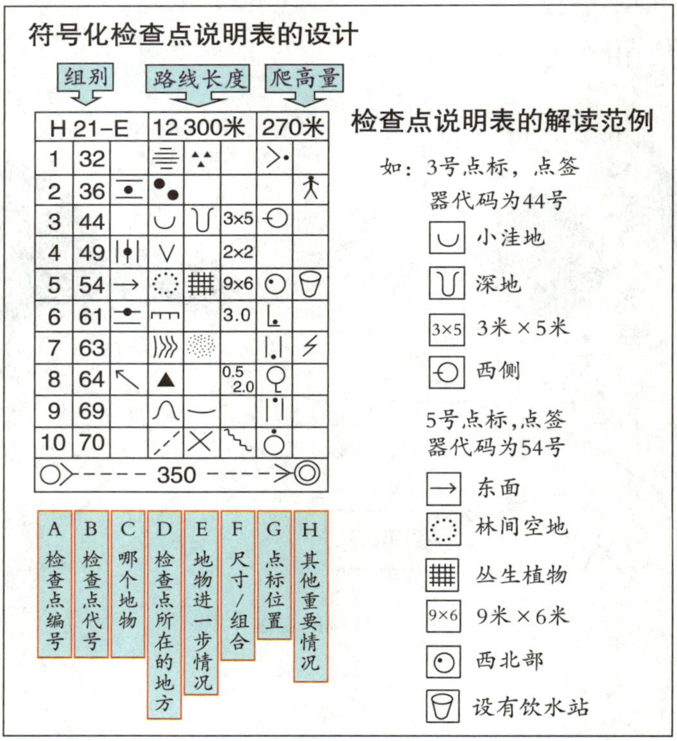

图2-6 检查点说明表

第二节　指北针

现代指南针是一种精密仪器，它的指针被放置在内部充满液体的容器里，能够迅速定位南北方向，但在定向中我们称之为指北针，因为红色指针永远指向北方（如图2-7）。

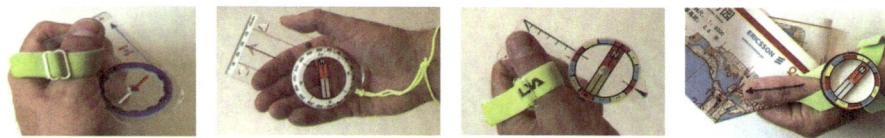

图 2-7　指北针

一、指北针怎么用

指北针可帮助定向运动员给地图定向，地图的正上方永远都是北方。我们把用指北针给地图定向的方法称为"北对北"。

"北对北"的意思是指指北针的红色指针指向地图的北方。

首先将指北针套在大拇指上，使蓝色箭头从定向运动员所在位置指向定向运动员所要到达的位置。

如图2-8所示，由6号点到7号点，指北针中蓝色箭头由6指向7。

把指北针和地图作为一个整体，水平放置在定向运动员面前，转动定向运动员的身体，使指北针上的红色指针指向地图所示的正北。

地图中的磁北线为蓝色线条。指北针上蓝色箭头所指方向即为定向运动员所要前进的方向。

简单方法：

我在这儿，我要到那儿！

红对北！

前进！

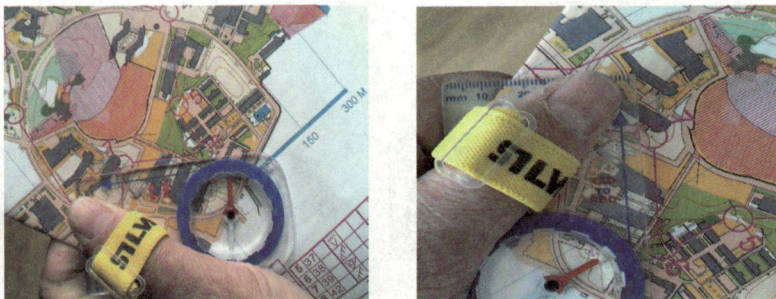

图2-8　指北针的使用

二、没有指北针怎么办

（一）利用太阳判定方位

在我国春、秋季节，太阳出于东方，落于西方；夏季，太阳出于东偏北，落于西偏北；冬季，太阳出于东偏南，落于西偏南。据此，我们就能概略地判断出东、南、西、北方向。

（二）利用太阳和带指针手表判定方向

这是白天常用的判定方位的方法。判定方位时将手表持平，以当地地方时折半处的表盘分划与手表中心之连线对向太阳，此时表盘中心至"12"连线延长方向便为当地的北方向（如图 2-9）。

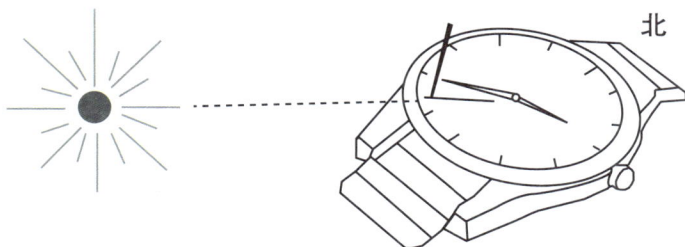

图 2-9　用手表判定方向的方法

如图中当地时间为下午 2：40，换算成 24 小时制，为 14：40，折半后为 7 时 20 分，在表盘上"7"字后大约 1/3 处立一细物，并使表盘的此处对着太阳，且使小细物的阴影通过表盘中心。此时"12"字头所对的方向即当地的北方向。

第三节　标定地图和路线选择

一、标定地图

标定地图就是使地图与实地的方位一致。在比赛中它是一个持续不断、贯穿始终的基本要求，不管采用何种方法标定地图，从比赛开始到结束，都应做到标定地图。

（一）利用指北针标定地图

将指北针与地图重叠水平放置，转动身体使指北针红色指针指向地图上的北方。

（二）利用线状地物或直线地物标定

利用线状地物（如道路、电线、河流等）标定地图。首先应在图上找到这段线状地物，然后转动地图，使图上的线状地物与实地的线状地物方向一致，再对照两侧地形，使地图与实地各地形点的关系位置概略相符，地图即已被标定。

二、路线选择

在定向运动中，除了掌握读图技巧和如何使用指北针外，还需根据自己的体能来选择一条最佳行进路线，用最短的时间到达所要寻找的点标。

路线选择就是从一点到另一点你所决定要走的路。我们所指的路线并不是通常所说的公路或小道，虽然在比赛中我们可能会在部分路段中沿着道路奔跑。一般在两个点标间会有多条路线供选择，对于一条好的路线来说，它应具有安全性高、消耗体能小的特点。

在日常生活中，我们都面对过路线选择的问题。比如，从家到学校，有多条路线可供选择，我们往往根据自己的意愿来选择路线：如急着赶路，那通常会选择一条最近的路线走；如想欣赏一下沿途的风景，可能会从公园或风景宜人的区域走；如开车，就可能会选择一条车流量少的道路。再比如，自驾车去外地旅游，可能会走高速公路，尽管要收费，但是可以快些到达目的地。

当你在森林或公园中行进，你会依照地图上所给出的信息，以类似的方式做出判断。每时每刻都必须做出选择，以最佳的路线到达目的地。虽然我们都知道两点间直线最短，但是沿直线走在定向运动中可能并不是最佳选择。若沿直线走，你将要消耗很大的体能去翻越山顶，这时可以选择左边的路线，虽然长一些，但不必去翻山；也可以选择右边的路线，虽然比沿直线走距离远些，却不需太多攀爬（如图 2-10）。

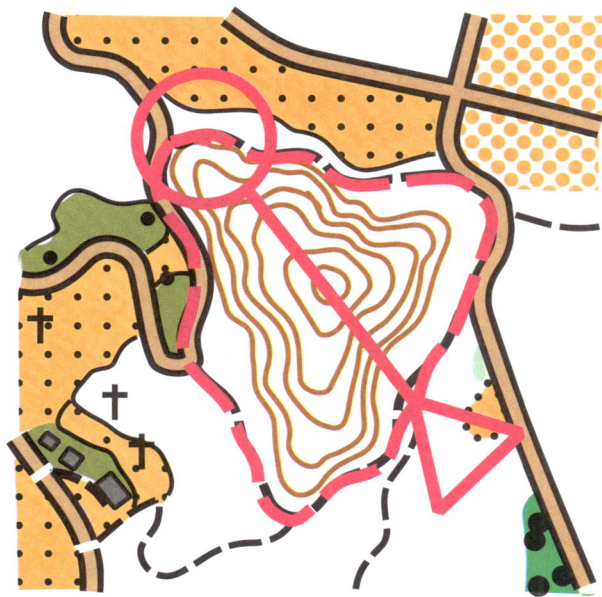

图 2-10　路线的选择（1）

　　除了爬山以外，我们还可能会遇到其他一些阻碍速度的地形，如湖泊、植被茂密区、大的洼地以及其他一些阻碍物。当然，最佳路线选择应该是安全与快速并重的。

　　在决定走一条快捷路线时，不仅应避开高山的问题，还应考虑诸如公路、小道、草地等一些容易穿越的地形，如图2-11所示。因在不同地形中前进的速度是不同的，一般来说行走在公路上需花费12分/千米，行走在草地上则需花费17分/千米，行走在森林中需花费22分/千米，行走在丘陵森林地带则需花费27分/千米。慢跑在上述地形中分别需要6分/千米、8分/千米、10分/千米和14分/千米。跑步在上述地形中则分别需4分/千米、6分/千米、8分/千米和10分/千米。

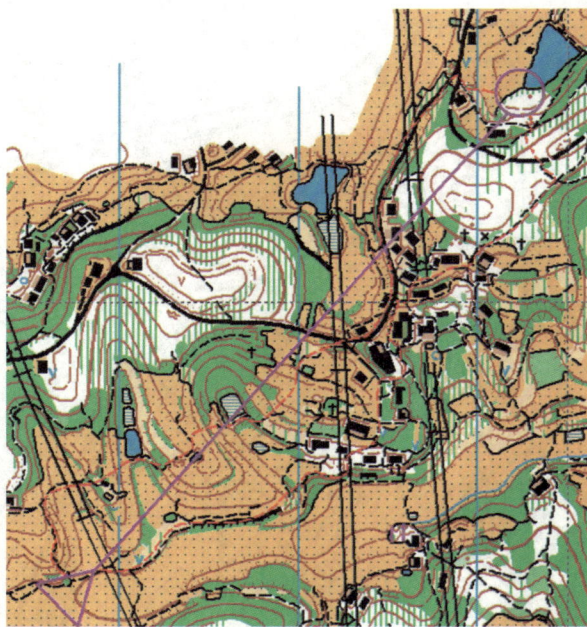

图2-11　路线的选择（2）

　　所以，我们选择沿直线在丘陵森林地带慢跑1千米所用的时间，在公路上则可以跑完 3.5 千米。当然，上述所说的数据根据季节变化可能会有所改变。

当选择好一条路线时，最简单的方法是沿着线状地貌走，它们可能是公路、小径、输电线方向、田野和边界、石墙、湖边、溪流或壕沟。但是通往目的地的沿途并不总是有可依据的线状地貌。这时，就必须借助于地形中其他一些实物或选择一些有明显标记的地形来穿越。

以三角形为起点，圆圈表示目的地，虚线表示一条可能的路线。我们应尽可能频繁地寻找接近目的地的有明显特征的地物作为参照物，如图 2-12 所示。

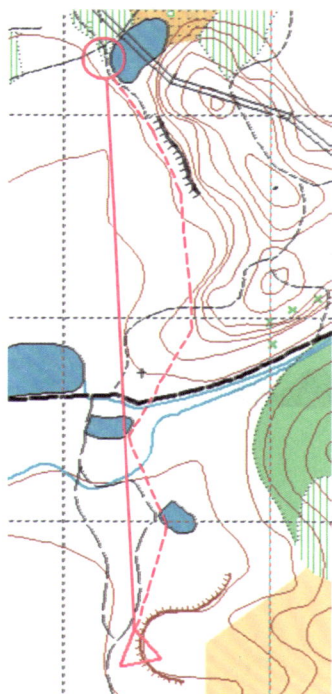

图 2-12　路线的选择（3）

　　从三角形地点出发，首先我们要找到右前方的一个小池塘，然后寻找左前方的一个小池塘，第三个寻找目标是右前方的山，然后沿着山脚找到悬崖，最后沿着悬崖向前方寻找到池塘，接近目的地。

自测题

1 对号入座。

1.＿＿＿	5.＿＿＿	A	B
2.＿＿＿	6.＿＿＿	C	D
3.＿＿＿	7.＿＿＿	E	F
4.＿＿＿	8.＿＿＿	G	H

2 选出正确的定向地图。

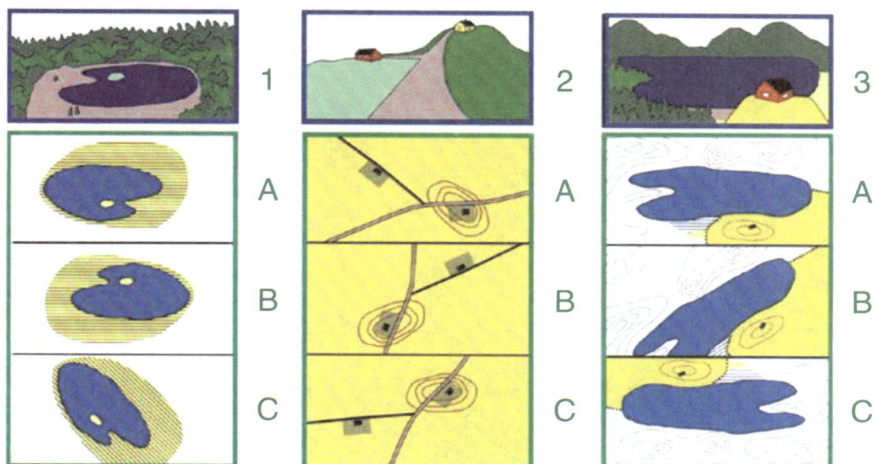

3 指出实景图中所标字母应与地图何处相对应。

4 在下面地图上有 15 个圈起来并用数字标明的地物，需要被认出的地物在圆圈的中心。这些地物不同的颜色和符号代表什么意思？

5 在下面地图上你将看到一些用圆圈圈起来的数字标记，请把这些标记与照片上所列出的实物地形对号入座，照片中用黄白色旗子表示这一物体。

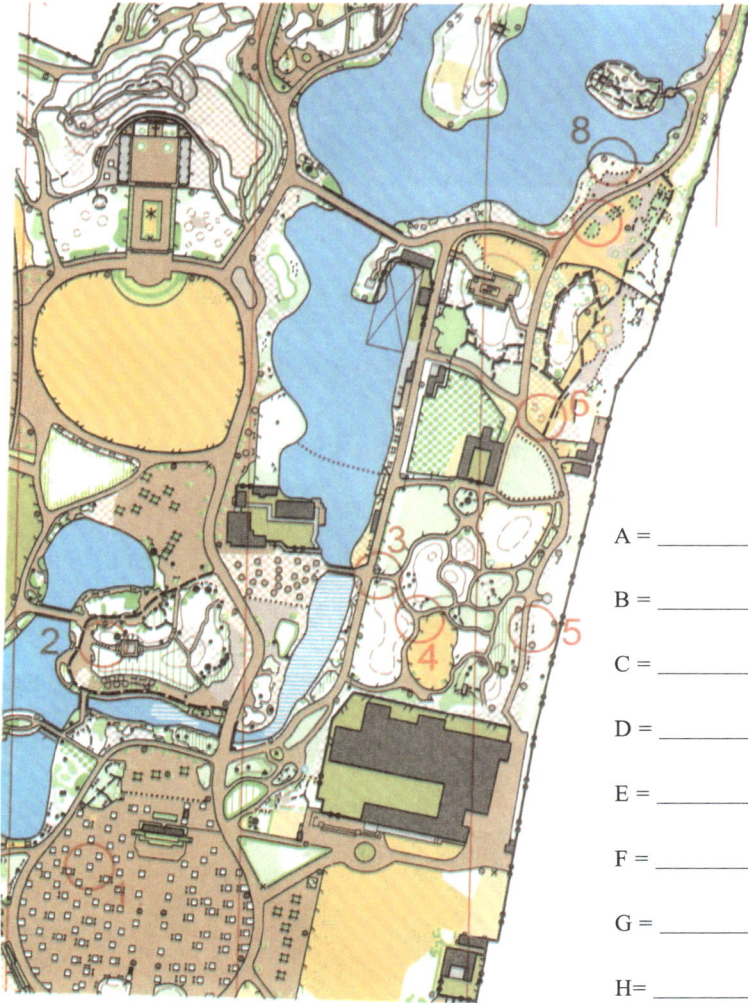

A = _____

B = _____

C = _____

D = _____

E = _____

F = _____

G = _____

H= _____

A

B

C

D   E   F

G   H

6 下面图上有标有数字的红箭头，请说出这些箭头所指方向的地势是升高了还是降低了，抑或是保持同一高度。

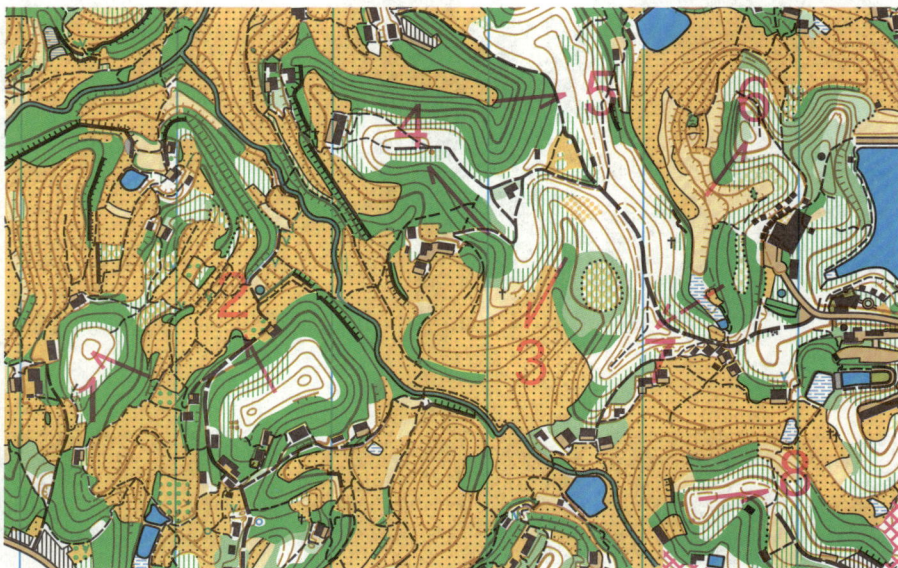

第三章
如何能更快地到达目的地

定向运动技术与体能是能更快地到达目的地的两大核心要素，二者相辅相成。当然比赛心理、战术也是影响成绩的重要因素。在此，我们重点介绍定向运动技术的提高与体能训练方法。

第一节　提高定向运动技术

定向运动技术是指定向参赛者完成定向运动所运用的各种方法，科学合理地运用各种定向运动技术是参赛者取得比赛胜利的基础。定向运动技术可分为初级技术、中高级技术和综合技术三个层次。

一、定向运动的初级技术训练

定向运动初级技术包括标定地图与确定行进方向、折叠地图和拇指辅行。

（一）初级技术要领

1.标定地图与确定行进方向

使地图上的方向与实地的方向保持一致即为标定地图。标定地图后利用地图信息并结合指北针确定下一个目标的方向即确定行进方向。在实际操作中，标定地图与确定行进方向一般都是同步进行的。

2.折叠地图

国内比赛用图一般都为A4纸大小，有时也会用到A3纸，如不将地图折叠，在比赛时就会感到不方便，因此，拿到地图后，参赛者应根据个人的习惯将地图折叠成方便持图的大小。在比赛过程中要不断根据需要折叠地图，以便读图更加舒适，选择路线时也更加方便。

在折叠地图时应注意：沿地图磁北方向线折叠；折叠后的地图大部分都能被握在掌中，用手掌托着地图；保证折叠后的地图还有足够的可视区域；要方便再次折叠地图。

3.拇指辅行

从起点开始，将拇指压于站立点侧后方，在行进过程中不断移动拇指，使拇指在地图上的移动与个体在实地行进过程保持同步。在用地图导航行进时，不断移动拇指，转动地图，保持位置、方向的连贯性与正确性。这样便可在任何时候都能立即指出自己在图中的位置，节省时间和精力。

（二）初级技术训练

1.练习的目的

了解定向运动，学会辨认基本地貌、地物特征，建立图—地物对照的概念；练习折叠地图、拇指辅行、标定地图与确定行进方向。

2.方法

（1）学习者每人准备一张公园或校园定向地图，并设计简单的检查点，检查点间没有连线（如图3-1）。

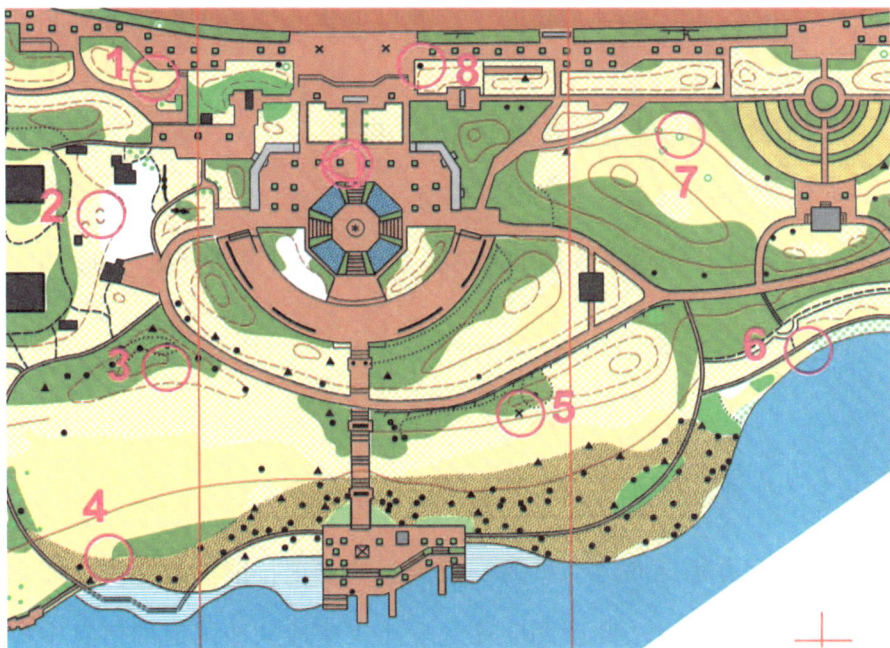

图3-1 初级技术训练用图

（2）由教练带领边走边讲1～2个检查点，简单介绍定向运动地图的颜色及符号所表示的内容，并演示打卡过程。

（3）单一检查点练习。学习者由起点出发到达要求的下一个检查点，打卡返回后与教练沟通（练习 5 ～ 7 次）。

（4）在图上任选 3 ～ 4 个检查点，连成一条小型定向路线，由起点开始至终点进行持图走定向练习，练习 3 ～ 4 次。

（5）重新选 3 ～ 4 个检查点连成一条小型定向路线，进行比赛练习。

3.练习提示

（1）要求理解并掌握基本地图符号的识别。

（2）出发前，教练指导学习者通过地貌、地物特征并结合指北针标定地图。

（3）教练指导学习者按要求折叠地图。

（4）教练指导学习者使用拇指辅行。

（5）要求学习者在理解的同时提高速度，由走到慢跑，再到跑。

二、定向运动的中高级技术训练

（一）读图

读图能力是定向运动员的一项重要的专项技能。运动员只要掌握了正确的读图方法和读图顺序，就能快速地从地图上的信息中提取出与比赛路线有关的地理信息，这样将大幅缩短比赛中的读图时间，提高竞赛成绩。

1.读图的技术要领

（1）简化—提取—记忆地图信息。首先，拿到图后立刻扫视整张地图，形成对地形的整体认识。其次，根据实际需要选择参照物和完成行进路线需要的引导物，选择顺序为先面状、线状的地貌和地物，再到点状的地物。读图时还要关注高的地貌和地物，当迷失方向时可借助它们来重新定位。读图时要养成先读地貌再读地物的习惯，地貌信息是地图信息中最稳定、可靠的信息。要学会简化地图信息，抓住突出的特征。

（2）概略读图和精确读图（如图3-2）。概略读图是参赛者在向攻击点（检查点四周100～150米范围内）高速行进时运用的读图方法，其特点是忽略小的细节，关注大而明显的特征。精确读图是参赛者从攻击点向检查点行进时运用的读图技术，其特点是奔跑速度低，行进时仔细观察图上前进方向及附近所有的细节特征。二者的对比，如表3-1所示。

概略读图示意图　　　　　　　精确读图示意图

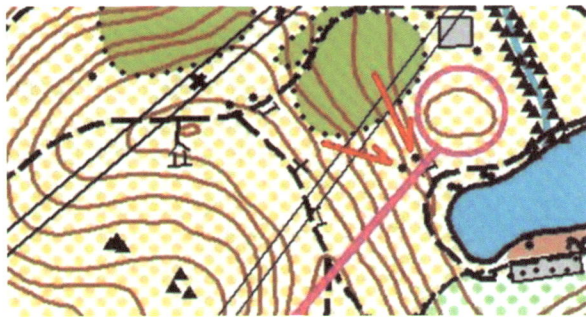

图3-2　读图训练用图

表 3-1　概略读图和精确读图比较表

	概略读图	精确读图
技术特点	*超前读图 *复查以避免犯错误 *忽略小的细节 *读图时高速奔跑 *注意大的明显地物	*超前读图 *复查以避免犯错误 *关注细节 *读图时慢跑或行走，必要时要停下来读图 *基本上沿直线前进
易产生的错误	*读图时未标定好地图 *读图时太仔细导致速度降低 *速度过快，脱离地图，导致必须重新定位 *没有复查地图	*读图时未标定好地图 *"平行错误" *忽视，跑过了检查点 *速度过快，脱离地图，导致必须重新定位
预防措施	*读图前确定地图已经标定 *超前读图并想象将看到的地物 *重视地貌特征 *小心"平行错误" *多次快速看图	*读图前确定地图已经标定 *超前读图并想象将看到的地物 *重视地貌特征 *到达攻击点时开始减速 *多次快速看图
最佳速度	在明确自身"大概"的站立点前提下，尽量快速行进	在明确自身"精确"的站立点前提下，尽量快速行进

（3）运动中读图技能及读图时机的把握。跑动读图应选择在路况较好的时段，路况不佳时尽量少读图或不读图。

2.读图技能训练

（1）局部地图的练习。

目的：提高地图简化和地图记忆能力及读图速度。

方法：放点时，在每个检查点悬挂含有该检查点和下一个检查点的地图及检查点说明。学习者在练习过程中不带地图，在起点读图并记忆第 1 个路段的地图，然后凭记忆完成第 1 个路段。在 1 号点，学习者读图并记忆第 2 个路段的地图，然后凭记忆完成第 2 个路段，以此类推，直到完成所有路段。

如果学习者中途迷失站立点或找不到下一检查点，应立即返回出发处的检查点，重新看图，记忆路线，再继续前进。

练习提示：随着训练水平的提高，可以增加路段的长度，以增加练习难度。也可以采用在检查点悬挂隔一个路段的地图的方法，如在起点要记忆两个路段的地图，在 1 号检查点悬挂第 3 个路段的地图，在 2 号点悬挂第 4 个路段的地图。

（2）记图跑练习。

目的：提高简化、记忆地图能力和读图速度。

方法：初期训练时，可以从单点记忆开始。给学习者一张设计好比赛路线的地图，让其用 15 ～ 30 秒的时间读图，然后在白纸上画出自己选择的路线与地图的概略地貌及主要特征与实图对照。经过一段时间训练后，可以进行 2 ～ 3 个点的训练。刚开始可以简单一些、距离近一些，然后逐步把难度加大、距离加长，到运动员一次能记 3 ～ 5 个检查点且看图时间较短时，记忆训练就结束了。

另一种训练方法：从起点开始，学习者不带地图，把地图放在每个点上，在起点的时候需要学习者只看 30 ～ 60 秒的图就出发，在整个运动过程中，学习者只有找到点后才能看到地图确定下一点应该怎么找，而每点上的图也只标出下一个点。这样，学习者在找不到点时，只能返回上一个点才能看图，从而重新进行找点。

练习提示：最好两人一组进行练习。随着训练水平的提高，可以减少读图时间或选用复杂的地图。

（3）规定路线越野跑记图练习。

目的：提高简化、记忆地图能力和读图速度。

方法：两名定向技能水平相当者为一组，组员A在地图上选择一个距离在百米之内且具有明显地形特征的点作为目标。组员B分析、记忆地图半分钟，然后凭记忆向目标点行进。组员A带图尾随核查路线，如果发现B偏离了目标点，即叫停。两人轮流进行以上练习。

（二）路线选择

路线选择是定向的核心。良好的路线选择可以帮助学习者节省大量的时间，在地形条件复杂的比赛中更是如此。

1.路线选择技术

（1）导航特征。确立导航特征目标，将复杂的地图简单化。

（2）攻击点。在导航特征的引导下确定攻击点。攻击点的特征包括明显地物、山凸、山凹、台地、冲沟、线性地物的交会点、交叉点和拐点。

（3）偏向瞄准。进行偏向瞄准时，可以利用地物的线状特征，如利用道路边缘［如图3-3（a）］；还可以利用地貌的线状特征，如利用沼泽的边缘、湖泊的边缘［如图3-3（b）］和山谷谷底线。

（a）利用道路边缘进行偏向瞄准　　　（b）利用湖泊边缘进行偏向瞄准

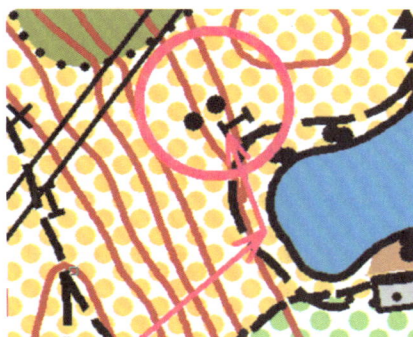

图 3-3　利用地貌特征偏向瞄准

（4）沿等高线行进。等高线也是一类线状特征，当相邻两个检查点的高程相近时，最好选择沿等高线前往，这样可以节省体能，也不容易迷失方位。

（5）直线穿越。地势较平缓时，应尽量沿连线进行直线穿越。进行直线穿越时要充分利用连线两侧的特征来导航，避免偏离方向。如图 3-4。

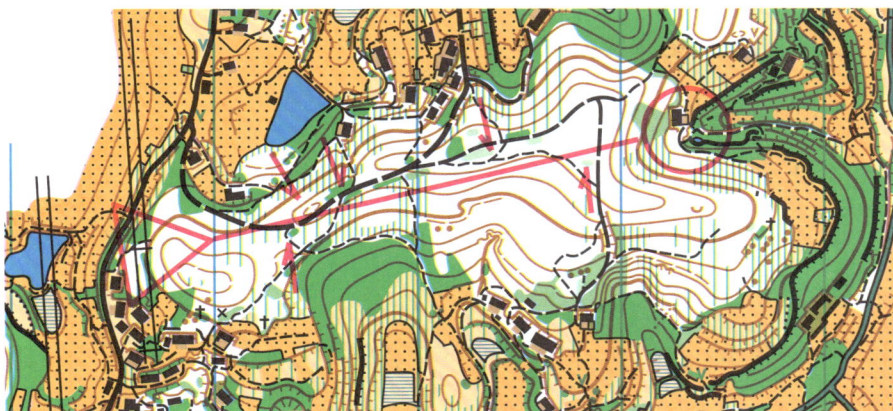

图 3-4　直线穿越示意图

2.路线选择技能训练

（1）图上导航特征选择练习。

目的：培养快速选择导航特征的能力。

方法：准备标有比赛路线的地图或在地图上设计好比赛路线，让学习者按顺序以最快速度选出每个路段的一级导航特征、二级导航特征。

练习提示：两人一组进行比赛，在整条路线完成后两人相互讨论和交流。

（2）图上路线选择练习。

目的：培养路线选择技能。

方法：准备标有比赛路线的地图或在地图上设计好比赛路线，让学习者按顺序对每个路段做出两种以上的路线选择策略，并分析每一种策略的优劣点。

练习提示：在规定时间内完成并逐步缩短规定时间，在练习完成后安排相互讨论和交流。

（3）沿等高线走。

目的：培养在地图上和实地判读等高线的能力。

方法：在地图上选择一条到数条贯穿面积较大的等高线专线行进路线后，持图沿行进路线前行。

练习提示：练习时要利用导航特征随时校正高度，在行进中遇到障碍绕行后，应迅速回到原来的行进高度上。

（4）选择适合自己的路线练习。

目的：形成适合自己的路线选择风格。

方法：设计一条比赛路线，要求检查点较简单，位于明显的特征上，学习者尝试用2～3条不同的行进路线完成整条练习路线，比较各条行进路线的优缺点，找出最适合自己的路线。

练习提示：控制好速度，保持每次练习时的速度基本一致，也可与其他人选择的路线进行比较。

（三）重新定位

1.重新定位技能

任何定向学习者都难免会出现失误丢失站立点，这时需要通过重新定位找回站立点。当迷失站立点时应立即停止前进，标定地图，在图上找到最后一个自己能确定站立点的位置，回忆自己离开它后的前进方向和距离，得出目前位置的大概区域，观察实地四周的特征，在图上找到对应的特征。若还无法确定站立点，应该果断返回上一个能确定的站立点，甚至是上一个检查点，再重新选择路线前进。

2.重新定位技能训练

（1）单一检查点的重新定位训练（如图3-5）。

目的：发展重新定位的能力。

方法：两人一组，其中一人持图。A先读图，带着B跑到如图3-5所示的大圈附近后，将地图交给B，B马上进行重新定位，然后选择最佳路线到达检查点；B读图，带着A跑到离下一检查点一定距离的位置，将地图交给A，由A重新定位并寻找检查点。如此循环。

练习提示：拿图的人可以自由选择转交地图的位置，最好能给自己的搭档出点儿"难题"，以提高训练效果。

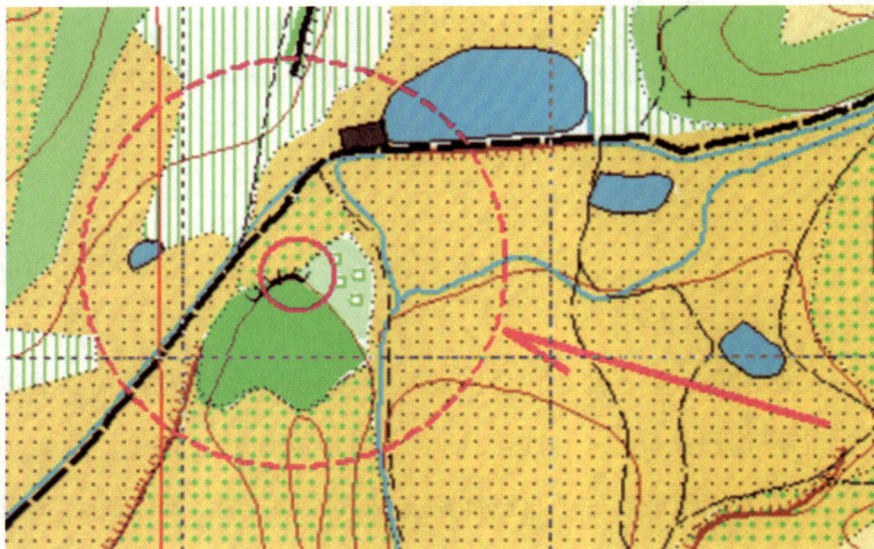

图3-5　单一检查点的重新定位训练示意图

（2）全路段的重新定位训练（如图3-6）。

目的：发展重新定位的能力。

方法：两人一组，其中一人持图。A先读图，带着B跑到如图3-6所示的大圈附近后，将地图交给B，B马上进行重新定位，然后选择最佳路线到达检查点；B读图，带着A跑到离下一检查点一定距离的位置，将地图交给A，由A重新定位并寻找检查点。如此循环。

练习提示：拿图人可以自由选择转交地图的位置，最好能给自己的搭档出点儿"难题"，以提高训练效果。

图 3-6　全路段重新定位训练示意图

（3）跟随领跑人练习。

目的：发展读图、记忆地图和重新定位能力。

方法：学习者组成 2～4 人的小组，每个人都带有地图，知道出发点。选出一名组员作为领跑人。领跑人选择一个不太困难、距出发点约 1000 米的点作为目标，然后在不使用指北针的情况下，带领全组成员向目标点前进，其他成员跟跑，努力在记忆的地图上找出领跑人的路线。当领跑人到达目标停下后，其他成员向领跑人指出他们现在的位置及到达的路线。选出新的领跑人重复以上练习。

练习提示：到达目标点后，各成员应该进行交流讨论。

3.方向感与距离感

定向运动中，参赛者的方向感和距离感非常重要，当比赛地域导航特征很少的情况下更是如此。

（1）步测技能训练（如图 3-7）。

目的：发展步测技能。

方法：选择一个可通行程度较高的场地，在起点周围布置若干检查点（检查点不必依附特征地物），学习者用步测法确定行进距离。

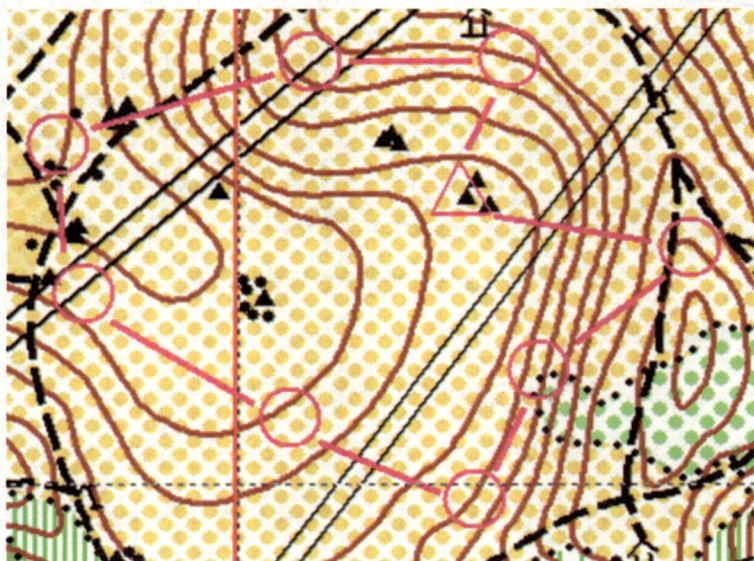

图 3-7　步测技能训练示意图

（2）方向感与距离感综合训练（如图 3-8）。

目的：发展沿单一方向行进及步测技能。

方法：选择一个可通行程度较高的场地，设计好一条路线，隐藏底图模板并打印出路线图，学习者拿带路线的空白地图进行练习。

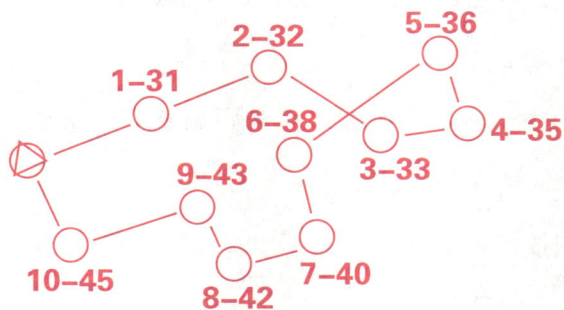

图 3-8　方向感与距离感综合训练示意图

4.打卡流程及其训练

打卡流程是检查点捕捉技术的核心内容，是指发现点标旗、到达检查点、核查检查点代码、打卡、迅速离开检查点的一系列活动过程。良好的打卡流程不但能节约时间，而且可以避免打错点，减少被其他运动员跟跑的可能，保持整个比赛过程的流畅性。

（1）打卡流程。在看见点标旗或检查点地形特征之前，应计划好离开检查点的路线；看到检查点后，要利用靠近检查点的时间重新折叠地图、查看检查点代号、观察离开检查点的方向和特征；核对检查点代号，打卡；按预先计划好的路线离开检查点，并重新检查前进方向是否正确。

（2）打卡流程训练。

目的：形成自己的打卡风格。

方法：设计一条前进方向不断改变、路段长度较短、带有大量检查点的比赛路线，学习者按规定的打卡流程打卡。

练习提示：刚开始练习时，不必求快，应专注于按流程一步步完成打卡过程。

三、定向运动技术综合训练

（一）专线定向（如图3-9）

目标：提高读图能力、准确执行路线选择能力、集中注意力的能力和搜集导航特征的能力。

方法：在地图上标出一条指定路线，并在指定路线附近约 20 米范围内明显特征上放置点标旗。学习者精确地沿着该路线行进，对周围环境进行观察，并在地图上准确地标出所发现的点标旗的位置。

练习提示：应选择地形较复杂的场地进行专线定向练习；路线方向应有所变化；练习中掌握自己的"最佳速度"。

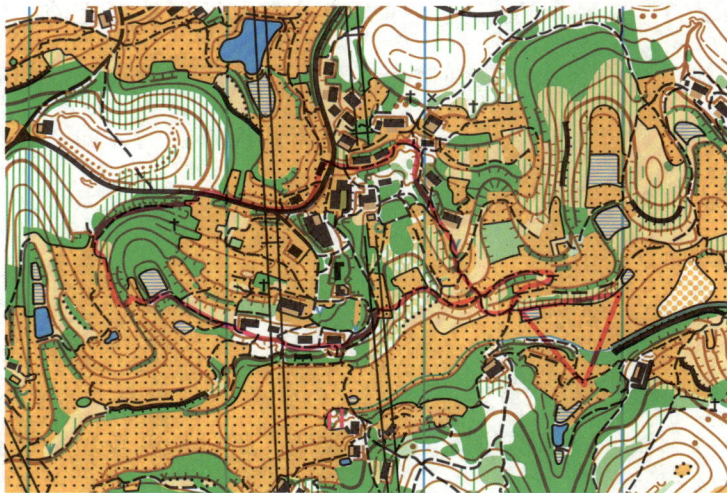

图 3-9　专线定向示意图

（二）走廊定向（如图 3-10）

目标：提高直线穿越、利用指北针导航行进的能力。

方法：在地图的大部分区域贴上白纸，只露出检查点之间的条形"走廊"。学习者在"走廊"范围内选择路线或进行直线穿越。

练习提示：选择可通行程度较高的场地进行走廊定向练习；可通过改变走廊的宽度调整训练难度，走廊越窄，训练难度越高；各路段的长度不宜过长；地图应附有检查点说明。

图 3-10 走廊定向示意图

（三）窗口定向（如图 3-11）

目的： 提高指北针精确导航、距离判断、检查点附近的重新定位能力。

方法： 与走廊定向类似，将地图大部分遮蔽，只在检查点附近区域留出一个"窗口"，学习者利用指北针精确导航，采用距离判断技术行进，在接近检查点时进行重新定位，寻找检查点。

练习提示： 选择可通行程度较高的场地进行练习，通过改变"窗口"大小调整训练难度，窗口越小，则难度越高，各路段的距离不宜过长。

图3-11 窗口定向示意图

（四）博格维克跑

目的： 提高路线选择和精准确定检查点位置的能力。

方法： 由2～4个水平相当的学习者组成一个小组，共同确定一条长度和难度适当且由多个检查点组成的练习路线。在每个路段的起点，小组各成员按1分钟间隔出发，先到达检查点的成员在检查点附近等待其他成员并为后到者计时。所有的成员都到达检查点后，一起讨论刚完成的路段情况，并计划下一个路段，再以新的出发顺序出发。

练习提示： 出发前可为每名成员分配好不同的路线；可以在完成数个检查点后再进行讨论。在这种情况下，每个成员应带上一些小彩带，每到达一个检查点就将彩带挂在检查点上，如果某个成员在某个点上发现其他所有成员都已在自己之前挂上彩带，应该取下所有的彩带。到达指定的集合点后，检查所有的彩带是否都被收回。如果有彩带没有被收回，应返回有争议的检查点，确定正确的位置。

（五）积分定向（如图3-12）

图3-12　积分定向示意图

目的：提高综合读图能力、路线选择能力和在压力下的应变能力。

方法：在比赛区域范围内设置若干检查点，根据点位难易程度、距离远近赋以各点位不同分值，并规定练习时间。在规定时间内完成练习的学习者以积分最高者为胜，如果积分相等，则以用时最少者为胜。如果超出规定时间，将按超出时间的多少进行扣分甚至取消成绩。学习者自由决定寻找检查点的先后顺序。

练习提示：规定时间的设置应能保证大部分学习者在正常情况下都能找到所有的检查点；训练时学习者应佩戴手表等计时工具；起点和终点应设置在同一个地方或相距很近的地方。

（六）放点训练（如图3-13）

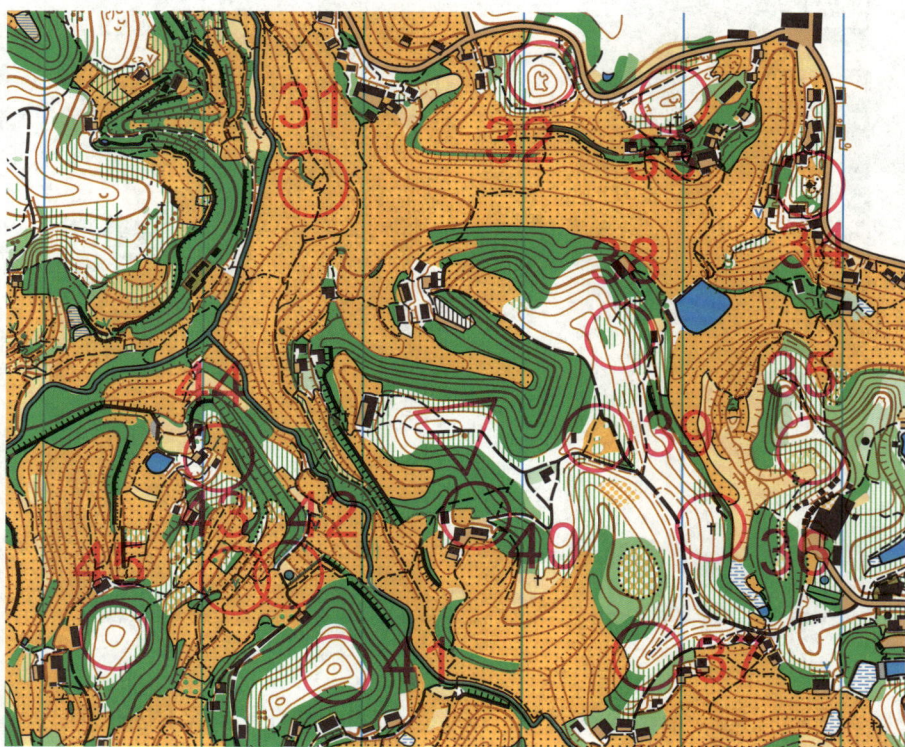

图3-13　放点训练示意图

目的：提高精确定位能力，培养良好心理素质。

方法：在起点周围设置若干检查点，学习者两人一组，各携带一个点标旗同时出发。组员甲将点标旗放置在A区31号检查点，组员乙将点标旗放置在32号检查点。甲、乙相互寻找对方设置的检查点，完成后将点标旗带回起点。以此类推，在其他区域继续练习。

练习提示：应保持同时练习的两个检查点离起点的距离相近，两个检查点之间有一定距离；可多组同时进行该练习，但同一区域内不得同时安排两组人员；与记忆地图结合起来进行练习，增加训练难度；学习者设置好检查点后回到起点读地图，然后互相凭记忆出发寻找对方设置的检查点。高水平的学习者可以将设置检查点的过程也改成凭记忆进行，练习完成后，应就放点的准确性进行讨论；初级学习者应以 2 ～ 3 人为一组一起去放点，并通过讨论确定放点位置。

（七）星形接力（如图 3-14）

目的：培养团队精神，提高心理素质。

方法：模仿接力赛的形式，在起点周围设计三条完整的路线，每条路线有 3 ～ 5 个检查点。三人一组，各组第一棒成员同时出发，但分别沿不同的路线前进。例如：同一组内第 1 棒完成 1 ～ 3 号检查点，第 2 棒完成 4 ～ 6 号检查点，第 3 棒完成 7 ～ 10 号检查点，只有当第 1 棒返回后，第 2 棒才能出发，以此类推。教练记录各人、各组完成各路线的时间。

练习提示：每组人数可以调整；分组时，各组实力要大致接近。

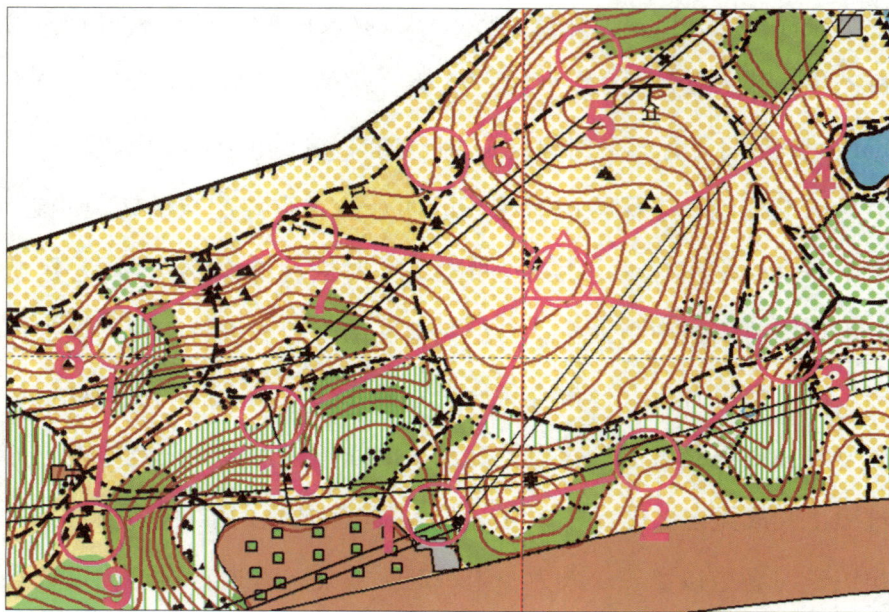

图 3-14　星形接力示意图

第二节　提高定向运动体能

　　充沛的体能是保证一名优秀的定向运动员定向技能、心理技能及定向综合能力充分发挥的前提。因此进行充分的体能训练是成为优秀的定向运动员的必经之路。

一、定向运动的耐力训练

　　定向运动对于初、中级水平参与者来说是"间歇+非周期性变速跑"，对于高水平参与者来说主要是非周期性变速跑。在比赛过程中，运动员经常要看图、辨别方向、打卡，在长时间的剧烈奔跑中还要不断完成跨越、跳跃、攀爬等动作，这对运动员的身体素质方面提出了较高的要求，特别是持续奔跑对力量耐力、速度耐力、有氧耐力和无氧耐力要求更高。

（一）有氧耐力训练方法

1.结合专项技术训练的持续跑

训练时要求识图时不要停或走，提高在跑动中图地对照的能力。跑的总距离为 10 000 ～ 20 000 米，时间控制在 60 ～ 180 分钟。

2.定时跑

在田径场、公路或森林中做 30 ～ 60 分钟的定时跑。

3.定时定距离跑

在田径场、公路或森林中做定时跑完规定距离的练习。

4.变速跑

快跑心率控制在 140 次/分左右，慢跑心率控制在 120 次/分以下，间歇时心率恢复到 100 次/分以下时，开始下一组练习。

5.重复跑

重复跑练习强度不要大，但距离可长些。

6.越野跑

跑的距离一般为 5 000 ～ 20 000 米。

7.水中定时游泳

不规定泳姿及速度，只规定在水中游一定的时间。

8. 5分钟以上不间断的篮球运球跑、30分钟以上的足球游戏或15分钟以上的跳绳

9. 5分钟以上的循环练习

选择8～10个练习，组成一套循环练习，反复循环进行5分钟以上，心率控制在140～160次/分，休息恢复到120次/分以下时，开始下一组练习。

（二）无氧耐力训练方法

1.结合定向专项技术训练的间歇跑

可设计星形的定向折返跑训练，对发展全程最高平均速度能力效果明显。

2.原地间歇高抬腿跑

可以1分钟练习或100～150次为1组，做4～6组，每组间歇1～2分钟。

3.高抬腿跑转加速跑

行进间高抬腿跑20～30米转加速跑50米，做4～6组，每组间歇1～2分钟。

4.原地或行进间车轮跑

原地车轮跑30秒转行进间车轮跑50米，做4～6组，每组间歇1～2分钟。

5.反复加速跑

50米或100米的加速跑，放松走回起点后再继续跑，跑4～6趟。

6.变速跑

如 400 米快速跑+200 米慢跑，持续 30 分钟。

（三）力量耐力训练方法

1. 1 分钟立俯撑

每组 1 分钟，做 4 ～ 6 组，每组间歇 5 分钟。

2. 连续跑台阶

跑 5 ～ 6 层楼后，放松走回一楼再继续跑，跑 4 ～ 6 趟。

3. 负重原地高抬腿跑

每组 100 ～ 150 次，做 6 ～ 8 组，每组间歇 1 ～ 2 分钟。

4. 负重后蹬跑

每次 100 ～ 150 米，做 6 ～ 8 组，每组间歇 1 ～ 2 分钟。

5. 长距离多级跳

每组跳 80 ～ 200 米，做 3 ～ 5 组，每组间歇 1 ～ 2 分钟。

6. 连续深蹲跳

每组 20 ～ 30 次，做 7 ～ 8 组，每组间歇 1 ～ 2 分钟。

7. 双摇跳绳

每组跳 40 ～ 50 次，做 5 ～ 6 组，每组间歇 1 ～ 2 分钟。

8. 跨、攀越障碍物

设置一个或多个障碍物，让学生跨越或攀越障碍物，每组 15 ～ 20 次，做 7 ～ 8 组，每组间歇 1 ～ 2 分钟。

（四）速度耐力训练方法

1.比赛或计时法

（1）超强度训练：训练强度较比赛强度大，但是持续时间或运动距离较比赛短。

（2）最大强度训练：训练强度与比赛相同或略小于比赛，训练的距离或持续时间与比赛相同。

（3）次最大强度训练：训练强度较比赛低，但是距离或持续时间比较长。

2.不定距离训练法或持续时间法

（1）持续训练法：以70%～90%的比赛强度持续练习。

（2）变换训练法：按事先设计好的强度变化、时间变化、运动量变化、密度变化等进行训练。

（3）法特莱克训练法。

选择在校园或公园中进行，运动员根据自己的感觉决定在跑中插入一系列不定时间、不定距离的加速跑、反复跑甚至快速冲刺，以及慢跑和走步交替进行。

3.间歇训练法

（1）大运动量训练：训练强度为比赛强度的60%～80%，持续距离为短至中。

（2）高强度训练：训练强度为比赛强度的80%～90%，持续时间或距离要短。

4.重复训练法

训练强度为比赛强度的 90% ～ 100%，持续时间或距离要短，运动量很小，训练密度很低，间歇较长。

二、定向运动的柔韧性训练

良好的柔韧素质不仅能防止运动训练中的损伤，而且能使动作的灵活性、协调性更好。

（一）拉伸脚掌和脚趾下部

坐在平地上，一条腿的小腿放在另一条腿的大腿上，一只手抓住踝关节，另一只手抓住脚趾和脚掌。双脚轮流练习。动作幅度尽量要大，保持 10 秒左右。要求：呼气并向脚背方向拉引脚趾，重复 5 组。

（二）拉伸小腿前部和外侧

采取向后拉伸的方式，单腿站立，用一只手扶住柱子或围栏，用另一侧手拉住同侧脚的脚背，向后上方拉伸前脚背。能同时拉伸小腿前侧、外侧和大腿前侧肌肉。要求：动作幅度尽量要大，保持 10 秒左右，重复 5 组。

（三）拉伸大腿前部

臀部坐在跪姿的脚上，后仰身体直到背部平躺在垫上，脚跟在大腿两侧，脚尖向后，双手屈肘垫在头下。要求：动作幅度尽量要大，保持 10 秒左右，重复 5 组。

（四）拉伸髋部和臀部

坐在垫上，双腿体前伸展，双手在髋两侧支撑，右大腿外展，屈膝，右脚接触左腿膝部，吸气，双臂撑起身体，左腿移向身后伸展，大腿、膝盖、小腿和脚背接触垫子，呼气下压左腿，换腿重复练习。要求：动作幅度尽量要大，保持 10 秒左右，重复 5 组。

三、定向运动的灵敏性与协调性训练

发展定向运动员身体的灵敏性与协调性有助于运动员在训练和比赛中突遇险情时做出正确的动作，提高反应速度，保证训练和比赛的安全。

（一）定向运动灵敏性训练

定向运动灵敏性训练可通过以下方式进行。

一是在训练中让运动员快速、准确、协调地做出各种规定动作。

二是做调整身体方位的练习，如利用体操器械做各种复杂动作。

三是利用专项中环节技术或细节技术中的技能模仿练习发展专项技术所需要的协调性。

四是让运动员在跑、跳过程中做出各种动作，如快速改变方向跑、各种躲闪动作、突然起动、快速急停等练习。

　　五是在练习中，可用垒球投掷运动员身体各部位，运动员尽量躲闪垒球。

（二）定向运动协调性训练

　　训练时，要求运动员身体各部位能够有效地相互配合完成动作。如纵跳、前后跳、侧跳、方形跳、转向跳、跳跃转向、侧向交叉步、手脚反向动作、站蹲撑立等。

第四章
定向越野比赛项目介绍

第一节 比赛项目设置

一、国内定向越野赛事

目前，我国国家级定向比赛有全国定向锦标赛、全国青少年定向锦标赛、全国定向冠军赛、全国学生定向锦标赛、全国体育大会定向比赛、全国大学生运动会定向比赛，省级比赛有省学生定向锦标赛、省体育大会定向比赛、省大学生运动会定向比赛等。

全国定向锦标赛始于 1994 年，每年一届，是由国家体育总局、中国定向运动协会联合相关机构主办的A类全国性赛事。比赛设接力赛、短距离、中距离、百米定向。比赛分成年男、女子精英组，成年男、女子组（20 周岁以上），中年男、女子组（35 周岁以上），教练组，公开组。

全国青少年定向锦标赛是由国家体育总局、中国定向运动协会联合相关机构主办的 A 类全国性赛事。

全国定向冠军赛是我国最高级别的定向赛事之一。只有在全国定向越野锦标赛上成绩优秀的运动员才有资格参加。参赛选手水平极高，比赛设计难度极大。全国定向冠军赛是中国定向运动协会选拔国家队的主要依据。

全国或省体育大会定向比赛，比赛设接力赛、短距离、中距离、百米定向。

全国或省学生定向锦标赛、全国或省大学生运动会定向比赛，比赛设接力赛、短距离、中距离、百米定向、团队赛。

二、世界定向越野著名赛事

目前，几乎所有的大型赛事仍在欧洲举行，在北欧，大多数赛事是由当地俱乐部、政府或国家定期组织的。

（一）瑞典五日赛事

瑞典是世界定向运动的起源地。已有 40 多年历史的瑞典五日赛（O-Ringen）是迄今为止世界上最大规模的定向赛事，每年 7 月都吸引着来自世界各地 40 多个国家和地区的 20 000 多名定向运动员相聚于瑞典。

这是瑞典独有的一项特别吸引人的比赛项目。比赛共进行五日，比赛路线由若干段组成，每次都单独记录运动员个人的成绩，最后再算出总成绩。在几十千米或者一百余千米的多条比赛路线中，除设置了许多检查点之外，还设有若干营地，供运动员与观众休息或参加丰富多彩的文化娱乐活动。近年来，瑞典五日赛组织得十分频繁，每次参加比赛的来自世界各地的选手都超过 20 000 人，大大超过了任何一届奥林匹克运动会的选手人数！

（二）芬兰 24 小时接力赛

此赛事是世界上最大的定向接力赛，设有男子组（7 棒）和女子组（4 棒），每年 6 月在芬兰举行，有 2 000 多个队前来参赛。

（三）瑞典 10 千米夜间定向接力

此赛事是世界上最刺激的夜间定向接力赛，每年 4 月在瑞典举行。

（四）瑞典混合接力

此赛事是世界上最大的混合接力赛，精英选手、青少年选手、男选手和女选手在同一队参赛，每年 10 月在瑞典举行。

（五）瑞士六日赛

此赛事是中部欧洲最大的定向多日赛，每隔一年的 7 月在瑞士举行。

（六）世界定向锦标赛

此赛事是世界上最具有竞争力的定向赛事，比赛设徒步定向、滑雪定向、山地自行车定向和轮椅定向等项目。其中徒步定向始于1966年，每两年一届，2003年起改为每年一届。

（七）世界青少年定向锦标赛

比赛始于1986年，每年6月在欧洲举行，分男女两组进行，参赛选手主要是17～20岁的青少年。

（八）世界大师定向锦标赛

此赛事所有35岁以上选手都可以参加比赛，此赛事每年在世界各地不同国家举行一次。

（九）世界公园定向锦标赛联赛

比赛始于1996年，每年一届。全世界各国优秀的运动员只有通过资格赛才能入选，比赛设总奖金和排名。

（十）世界大学生定向锦标赛

比赛始于1978年，每两年举行一届。

（十一）世界中学生定向锦标赛

比赛始于1998年，每两年举行一届。

第二节　比赛方法

一、接力赛

接力赛由一组队伍的成员接力完成各自的路线，以全组总时间作为比赛成绩。接力赛通常是参赛者全体出发，而非分时间隔出发。数条不同的路线会同时被采用，以减少参赛者尾随其他参赛者的情况。例如 3 人 1 组的接力赛，会有 3 条不同的路线（a，b，c），不同的队伍被安排以不同的顺序完成路线，例如 abc、bca、cab。大型的活动中，这 3 条路线可能会有部分重叠，并使用相同的控制点。这 3 条路线可再各自分成两部分，例如 a 路线可再分成 $a1$、$a2$，不同队伍的成员可能会以不同的次序完成各自不同路线的两个部分，因此 3 条路线总共会有 9 种可能的组合，例如 $a1a2$，$a1b2$，$a1c2$，…，$c1a2$，$c1b2$，$c1c2$。

接力赛的主要特点是团队竞争。项目的要求主要在技术方面，类似于中距离赛，也包含一些长距离赛的技术特征，如长度、路线选择等。集体出发的赛制需要在路线设计中将运动员各自分开。地图比例尺应为 1：15 000 或 1：10 000，有时也可以用 1：6 000。完成时间（完成比赛的总时间）：女子在 120 分钟左右，男子在 135 分钟左右。在总时间内，不同棒次的时间可以不同，但必须为 30 ～ 60 分钟。

高校组接力赛通常 3 人为 1 队，初高中组接力赛则 2 人为 1 队。

比赛地图范例如图 4-1 与图 4-2 所示。

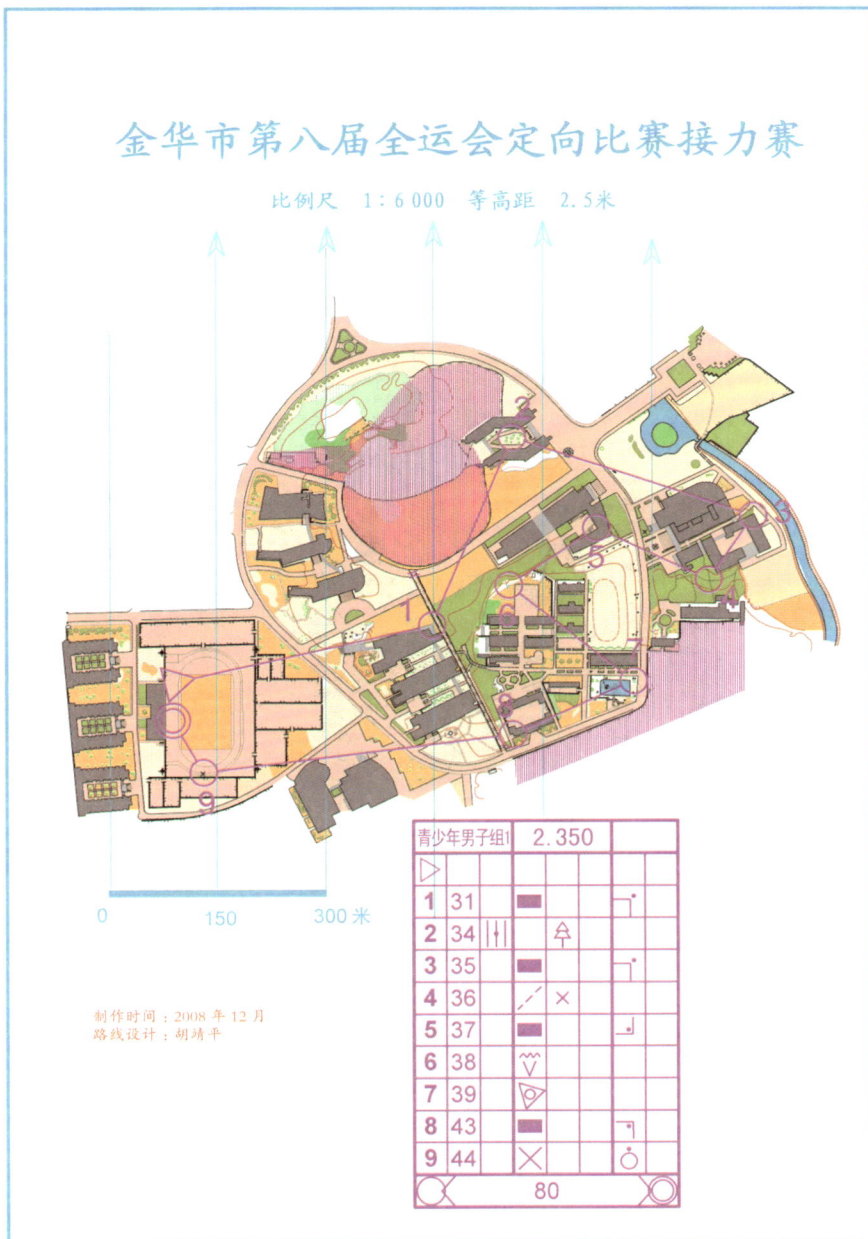

图 4-1 金华市第八届全运会定向比赛接力赛（一）

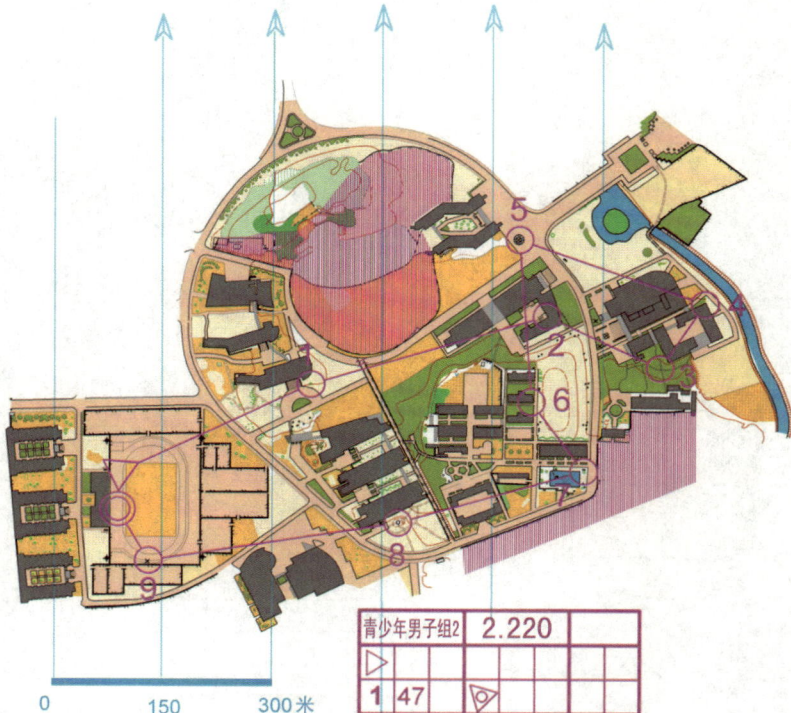

图 4-2 金华市第八届全运会定向比赛接力赛（二）

二、短距离赛

短距离赛通常在都会公园或城市地区举办，地图使用 1∶5 000 或 1∶4 000 的比例尺。控制点可能设置为座椅、垃圾桶、雕像，或是其他公园内和城市里常见的物体。参赛者必须以路线规定的次序寻找每个控制点，在最短时间内完成全程的运动员为优胜。短距离赛主要特点是高速度。由于在短距离赛中可以允许观众在比赛区域中活动，路线设计应考虑到这一点，所有检查点的设计同样需要考虑到这个因素。短距离赛一般在 12 ～ 15 分钟完成，出发间隔为 1 分钟，按时间顺序出发。

比赛地图范例如图 4-3 所示。

三、中距离赛

中距离赛的主要特点是技术。主要是在野外（通常是森林）环境中精确定向找到检查点的挑战。本项目需要运动员持续集中注意力进行识图和不间断地改变跑动方向。路线设计应考虑观众在不同赛段中都能像在终点一样看到比赛过程。出发区应在竞赛范围内，路线设计应使运动员在比赛中保证在比赛区域内进行。地图比例尺应为 1∶10 000 或 1∶5 000。地形图描绘为 1∶15 000 的比例尺，然后按制图标准严格放大。一般在 30 ～ 35 分钟完成比赛。

比赛地图范例如图 4-4 所示。

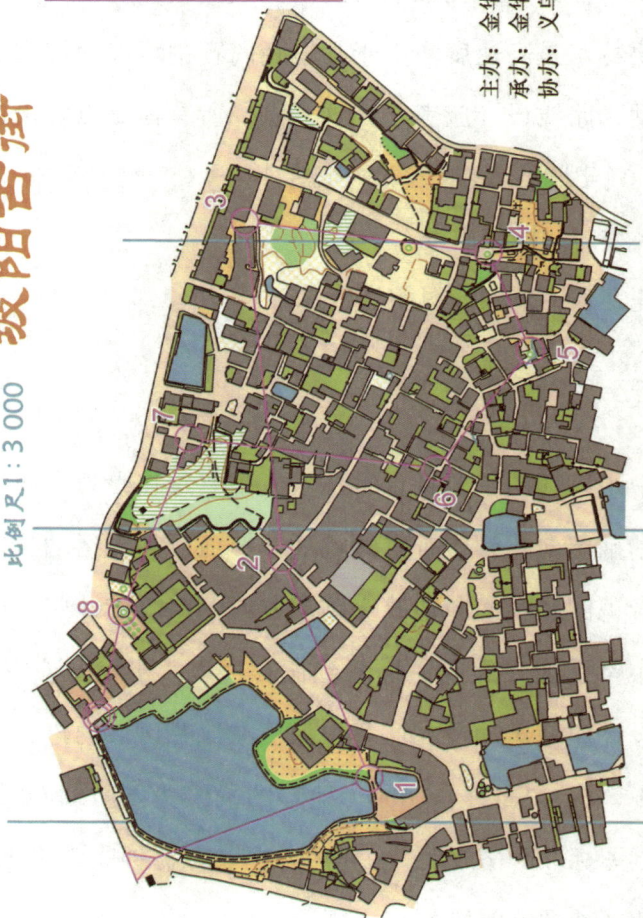

图4-3 2018年金华市穿越古村落定向赛

图4-4　浙江省第十三届中学生运动会定向比赛暨第十四届学生定向赛

四、团队赛

团队赛规定的检查点要像通常的路线（指个人赛的路线）一样必须按预定的顺序打卡。其他那些选择的检查点可以穿插在其中打卡。那些选择的检查点可以在规定的检查点之前或之后打卡。

主要特点是团队竞争。项目的要求在技术方面类似于中距离赛。地图比例尺应为 1∶15 000 或 1∶10 000 或 1∶6 000。完成时间（完成比赛的总时间）为 30～60 分钟。

高校组接力赛通常 4 人为 1 队，初高中组接力赛则 3 人为 1 队。

比赛地图范例如图 4-5 所示。

五、百米定向赛

百米定向赛指按照定向技术原理和定向比赛规则，通过在长度为 100 米的体育场或公众广场采取人工布景的方式组织的定向比赛。地图使用 1∶1 000 或 1∶500 或 1∶750 的比例尺。

百米定向尤其对参加者在高速奔跑下的短时间内读图、做出正确判断是一个挑战，是对参加者智力、体力、心理素质的综合考查和锻炼。

比赛地图范例如图 4-6 所示。

图 4-5 2015 金华市首届森林城市定向之森林定向大赛

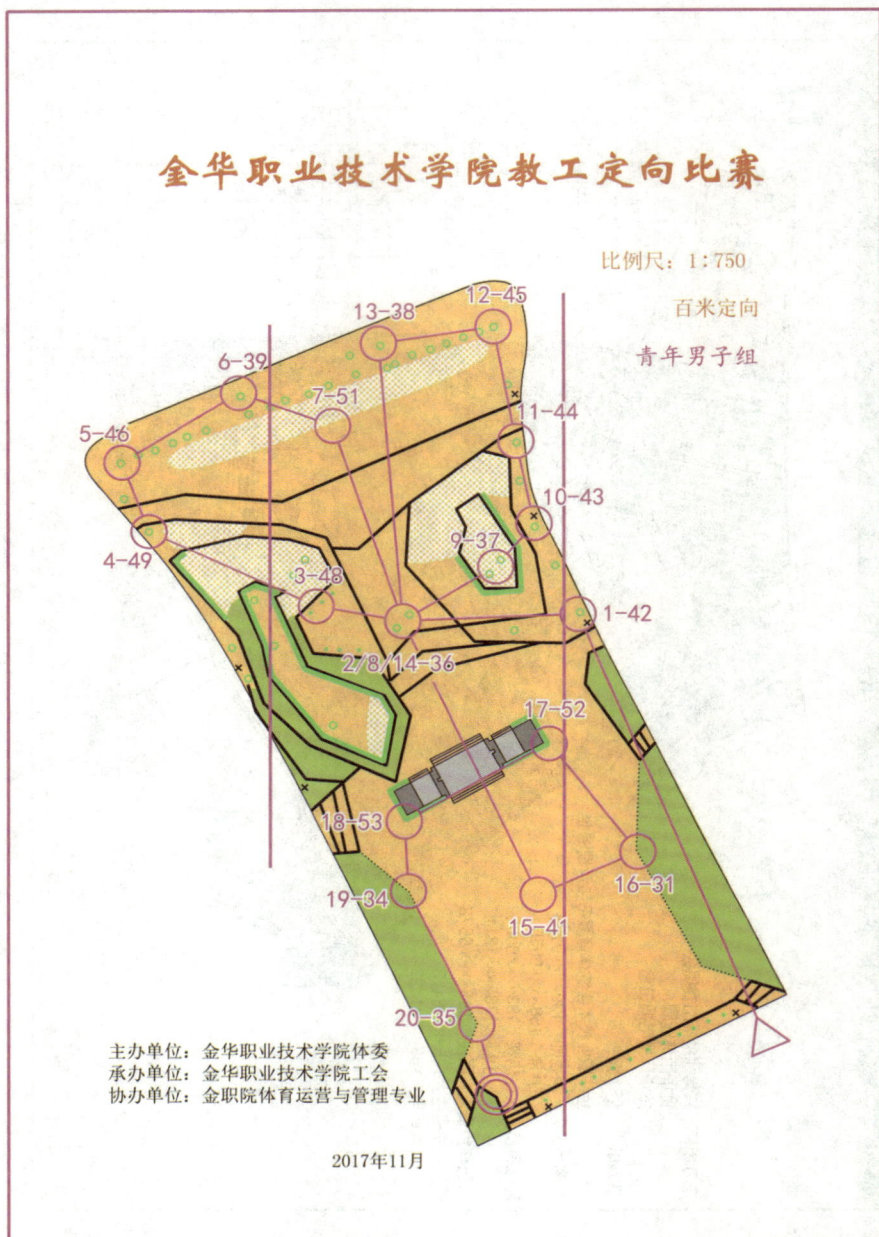

图 4-6 金华职业技术学院教工定向比赛

第五章
定向运动规则简介

一、中国定向运动赛事类型

（一）A类赛事

全国体育大会、全国大学生运动会及由国家体育总局或中国定向运动协会主办或承办的其他国内、国际定向运动赛事。

（二）B类比赛

各省、自治区、直辖市、计划单列市，各全国性行业体协举办的定向运动赛事及定向运动邀请赛。

中国定向运动协会特许或审批的定向运动赛事。

（三）C类比赛

A类和B类以外的其他定向运动赛事。

二、安全

运动员应充分认识定向运动潜在的危险，认真考虑自身安全和参加比赛的能力，并根据竞赛规程的要求购买保险，自行承担赛事风险。

组委会（竞赛委员会）应在竞赛规程中说明赛事中可能存在的安全风险，如果不能在竞赛规程中加以说明，则应以补充通知的形式告知运动员。

组委会（竞赛委员会）应在竞赛规程中对运动员的身体健康检查做出规定，并在运动员报到时进行确认。凡身体条件不合规定的或不能提交身体健康检查证明的运动员不得参赛。

组委会（竞赛委员会）应为赛事指定安全监督官员，对赛事可能存在的安全和环保问题进行评估，制定赛事安全保障方案和环保方案并对方案的实施进行督查，负责处理赛事中出现的安全问题，确保运动员能够得到及时救助。

组委会（竞赛委员会）应为赛事指定食品卫生监督官员，负责参赛人员食品卫生的安全（适用于食宿由组织方统一安排的情况）。

赛事组织者应制定搜索迷失运动员的预案。

组委会（竞赛委员会）在选择比赛地点和比赛场地时，应对场地的安全性、通信信号的覆盖率和稳定性及交通的便利性进行评估。

组委会（竞赛委员会）应能对存在交通安全问题的比赛场地实施交通管制，否则不得进行比赛。

在诸如天气变化、比赛场地毁坏等异常情况下，组委会（竞赛委员会）应及时采取措施，做出推迟、提早或取消比赛，缩短比赛路线等决定。

如出现明显危及运动员安全的客观情况，组委会（竞赛委员会）必须取消该场比赛。

所有运动员一经出发，无论是否完成比赛，都必须到成绩统计处报到，录入个人比赛信息，特殊情况下，亦应通过场地裁判长向成绩裁判长报到。

在本队所有运动员全部完成或结束比赛到达终点后，领队或教练员在带领运动员离开终点区前必须在竞赛中心签到。

如果运动员超过有效时间仍没到达终点，领队或教练员应及时向竞赛中心报告。

路线设计员应考虑路线设计中所有的安全因素，通过路线设置技术引导运动员避开禁区和危险的地带。

对于运动员可能到访，但地图上没清晰显示其危险性的特征应用红色警示带标识。红色警示带在赛事中不得用于其他目的。

在连续 3 天以上都有比赛的赛事中，长距离赛的胜出时间应缩短 10% ～ 30%。

在酷暑、严寒及湿热的天气，中距离赛的胜出时间应该按比赛规格的下限设计，长距离赛的胜出时间应缩短 10% ～ 30%。

三、参赛办法

运动员必须在相关部门进行注册，持注册证参加比赛。运动员均代表所注册单位参赛。不符合竞赛规程规定的运动员不得参赛。没有报名的运动员没有参赛资格。没有按规定购买保险的运动员不得参赛。没有通过健康检查的运动员不得参赛。同一赛事中，运动员只能参加同一个组别的比赛。平行组及由两人或两人以上共同完成的项目除外。

四、报名

参加比赛的运动员依照竞赛规程报名。

报名截止后 5 个工作日内，组委会（竞赛委员会）应通过官方网站对报名运动员进行公示，并同时要求运动员对其报名资料进行确认（适用于 A 类赛事）。

组委会（竞赛委员会）应适时通过电话或其他方式对参赛运动员和参赛项目进行最终确认（适用于 A 类赛事）。

完成最终确认后，参赛运动员应按竞赛规程指定的方法，按报名费的 50% 交纳报名保证金。没有交纳报名保证金的运动员不得参赛（适用于 A 类赛事）。

未按时报到的运动员报名保证金不予退还。

在最终确认后，运动队可向组委会（竞赛委员会）申请变更各项目比赛运动员名单，包括变更团队赛和接力赛运动员名单。申请变更的运动员应是报名表中的运动员，且须交纳 100 元的变更费。变更申请最迟应在比赛开始 24 小时之前以书面的形式提出。如运动队无法在规定的时间内到达赛事中心，也可以先通过传真或电子邮件提出，并通过电话告知，到达赛事中心后再补交书面变更申请（适用于 A 类赛事）。

如团队赛或接力赛没有安排在赛事的第一天，团队赛或接力赛运动员名单的变更申请最迟应在其前一场比赛结束后的 1 小时内提出。

运动员棒次的变更应在接力赛出发前 1 小时之前以书面的形式向成绩统计裁判长报告。

运动员报到后不得无故放弃比赛。

五、行程和交通

参赛队往返驻地、赛事中心、比赛场地之间的交通可由承办方安排，也可由代表队自己安排。

组织方可规定只能使用官方安排的交通方式往返比赛场地。

六、出发顺序

比赛时的出发顺序分为间隔出发和集体出发。间隔出发是指运动员按相等的时间间隔逐一出发；集体出发是指同一组别的所有运动员同时出发。在接力赛中，集体出发方式仅适用于第一棒队员。

在间隔出发的比赛中，运动员的出发顺序应在赛事监督和总裁判长的监督下，通过抽签决定。出发抽签可以是公开的也可以是保密的。抽签可电脑操作，也可手工操作。

在集体出发的比赛中，应首先为每种路线组合分配一个或一套代码，然后通过抽签决定运动员的路线组合。各路线组合应保密到最后一个运动员出发。

在间隔出发的比赛中，同一个代表队的运动员不能先后连续出发。如果同队两名运动员抽到先后连续出发，下一位出发的其他代表队的运动员应插在该两名队员之间。如果同队两名运动员抽到在最后出发，在他们前一位出发的其他代表队的运动员应插在他们之间。

分组集体出发的百米定向应尽可能考虑所有运动员的成绩，分组抽签时，应使优秀运动员有较大的可能进入决赛。

在分组集体出发的百米定向的所有轮次中，应尽可能将同队运动员编在不同的组。

长距离赛出发间隔为 2 分钟或 3 分钟，中距离赛为 2 分钟，短距离赛为 1 分钟，团队赛为 3 分钟或 4 分钟。

百米定向采用间隔出发时，间隔为 30 秒；采用分组集体出发时，间隔时间根据临场比赛的实际情况由总裁判长控制。

中距离赛中同一组别的运动员超过 60 人，出发间隔可缩短到 1 分钟。这时，应通过路线设计技术分散运动员。

长距离赛中同一组别的运动员超过 40 人，出发间隔可缩短到 1 分钟。

七、场地

比赛区域包括起点区、赛场、终点区在内的所有区域。其中赛场和终点区应有部分交叉。

赛场是比赛路线及运动员在选择路线时可以涉及的区域。

终点区是以观赏检查点、最后一个检查点、最后一个检查点到终点的必经路线及以终点为核心的综合区。

比赛区域确定后，应尽快在补充通知中宣告该区域为禁区。如不能确保成为禁区，应尽早在补充通知上公布比赛场地的位置。

参赛运动员不得以任何理由进入禁区。如有特殊情况需进入禁区，应向组委会提出申请，得到许可方可进入。

如在发布赛事通知时尚没有确定比赛区域，应将比赛地定为临时禁区。

八、地图

地图、路线符号和其他叠印符号应根据《国际定向运动地图规范》或《国际短距离定向运动地图规范》测绘和印制。与规范不符的内容应得到中国定向运动协会的许可。

各项目比赛地图的比例尺：

长距离赛：1∶10 000 或 1∶15 000；

中距离赛：1∶10 000 或 1∶7 500；

短距离赛：1∶5 000 或 1∶4 000；

百米定向：1∶1 000 或 1∶500；

接力赛：1∶10 000、1∶7 500、1∶5 000 或 1∶4 000；

团队赛：1∶10 000、1∶7 500、1∶5 000 或 1∶4 000。

地图印制后，如有可能影响比赛的地图错误或比赛场地变化，须用叠印符号说明，并同时在领队、教练员和裁判长联席会议上说明。

地图应防水耐用。

最近的旧版定向地图应在比赛前一天展示给所有运动员。

签到后，未经组织方许可，运动员和代表队不得使用比赛区域的任何地图。

赛事中重复或部分重复使用的赛场，组织方应在补充通知中说明。如在第一次使用时该赛场地图没有全部收回，组织方至少应在该赛场第二次使用的前一天公开展示该赛场的地图，并说明原因。

九、出发

检录员至少应在出发前 10 分钟开始在检录处召集运动员核查身份、进入就位区。

出发线是运动员出发计时开始的位置，在其前方附近醒目位置应配置一个面向待发运动员的时钟。

定向比赛的起点在地图上用三角形表示。如果定向比赛的起点与计时开始的位置不一致，应在起点位置悬挂点标旗（不要配备打卡器或机械打卡器）。如有必要，从出发计时位置到比赛的起点应有引导标志。

比赛地图应放在出发线前，运动员的号码，或姓名，或组别应标示在地图上或地图旁。

离开出发线后才能从地图箱中取得地图。

团队赛比赛地图应放在分图桌上，规定的分图时间截止后，运动员应及时离开分图区。

按时签到的运动员错过规定的检录时间，起点裁判长可根据情况重新安排出发时间，但应按原出发时间计时。

由于组织方的原因，运动员错过了出发时间，应由组织方重新规定出发时间并按新的时间计时。

接力队员之间的交接应在交接区内以击掌或交接地图的方式完成。

十、违规及处罚

运动员或教练员违反规则将受到处罚，包括通报批评、警告、取消比赛资格、取消若干场比赛资格、罚款和没收竞赛保证金，停止半年、1年或若干年参加比赛资格及撤销运动员技术等级称号等处分。

运动员被取消某场比赛资格，其在该场比赛中取得的成绩和名次亦被取消。

对于违规情节十分恶劣的，应上报中国定向运动协会，由中国定向运动协会给予运动员停止半年、1年或若干年参加比赛资格的处分。

对违纪运动员，仲裁委员会或组委会认为需要撤销运动员技术等级称号的，可以提出建议，报授予该运动员技术等级称号的体育局等相关部门决定。

运动员在比赛中发生严重违规或违纪行为，要追究教练员的责任。属于教练员参与、怂恿或不予制止而发生的，根据情节轻重，给予教练员警告、严重警告，停止半年、1 年或若干年带队参加 A 类和 B 类赛事等处分。凡被处以禁赛的教练员，不得在比赛区域出现。

运动员在比赛中有意违规，除取消比赛资格外，应没收运动员所属队的竞赛保证金。

在一场比赛中得到两次警告的运动员，取消比赛资格。

对比赛成绩明显异常的运动员或比赛成绩分布明显异常的运动队，组织方有权验证，并根据结果进行相应的裁决。

裁判长判罚运动员取消比赛资格，赛后须立即写出书面报告，报总裁判长和仲裁委员会。

受到纪律处分的个人或团队，应写出书面检查，交赛事组委会转其所在单位。

跟跑是指运动员在比赛中为从他人的技术中得利而跟在后面跑。同跑是指两个或多个运动员在比赛中相互合作。跟跑和同跑均属于违规行为。此规则不适用于在集体出发后带有共同路线的比赛及团队赛。

签到时间截止，未到达的运动员均认定为放弃比赛。

下列情况应给予通报批评或警告：

（1）擅自出入控制区、出发区；

（2）携带移动电话、对讲机、电脑或其他通信设备进入控制区；

（3）携带涉及赛场的旧版地图进入控制区；

（4）在起点区或终点区不听从裁判员指挥；

（5）在出发区影响他人准备比赛；

（6）整个代表队完成比赛，离开终点区前未到竞赛中心签到；

（7）携带分图用笔进入赛场；

（8）第一次出发犯规；

（9）有违反环保指南的行为。

下列情况中如果运动员获利，取消比赛资格，否则给予警告：

（1）没有将号码布清晰佩戴在胸前和背后显著位置；

（2）没有按原样佩戴号码布；

（3）在比赛中接受他人帮助；

（4）在比赛中为他人提供帮助；

（5）在比赛中使用通信工具；

（6）在离开出发线之前从地图箱取得地图；

（7）在比赛中使用非组织方提供的地图；

（8）在比赛中跟跑；

（9）在比赛中进行语言交流。

下列情况，取消比赛资格：

（1）没有按规定着装；

（2）拒绝按组织方的要求携带其他必要的装备；

（3）没有佩戴号码布；

（4）号码布与秩序册不一致；

（5）拿错地图；

（6）在赛场中或返回终点时号码布、地图和检查卡不全；

（7）第二次出发犯规；

（8）被警告后仍接受他人帮助；

（9）被警告后仍为他人提供帮助；

（10）被警告后仍使用通信工具；

（11）被警告后仍带分图用笔进入赛场；

（12）被警告后仍跟跑；

（13）被警告后仍进行语言交流；

（14）同跑；

（15）使用交通工具；

（16）进入或穿过禁区；

（17）通过地图上标示为不能通行的区域；

（18）没有沿着标记路线行进；

（19）使用禁用的辅助设备；

（20）乱吹报警口哨；

（21）在没有得到批准的情况下变更接力赛或团队赛运动员；

（22）接力赛中不按规定的棒次顺序交接，或变更运动员棒次没有向成统裁判长报告；

（23）整场比赛尚未结束，完成比赛后再次进入赛场；

（24）通过终点后没有上交地图或没有在成统处录入成绩；

（25）不认真参加比赛；

（26）有意妨碍他人比赛；

（27）其他违反体育道德的行为；

（28）严重违反环保指南的行为。

在下列情况下，取消当场比赛资格及下一场或后续若干场比赛资格：

（1）经最后确认，运动员将参加某场比赛，但后来没有参加比赛（如在上一场比赛结束后1小时内运动员或随队负责人没有向总裁判长递交放弃后续比赛的申请，即视为已最后确认将参加后续比赛）；

（2）中途退出比赛，未到成绩处报到（读取检查卡信息）；

（3）中途退出比赛没有上交地图；

（4）在赛场中交换地图或检查卡；

（5）替跑和被替跑；

（6）蓄意破坏、改动、移动、拿走检查点器材；

（7）其他严重违反体育道德的行为。

有下列情况，取消所有场次比赛资格：

（1）违反参赛规定；

（2）个人报名信息混乱，前后矛盾。

有下列情况，取消代表队比赛资格：

（1）在当场比赛中有2名以上（含2名）运动员被取消比赛资格；

（2）代表队负责人或没有参加比赛的运动员擅自进入赛场；

（3）经警告和通报后，再次在完成比赛后，离开终点区前未到竞赛中心签到；

（4）对将重复使用的比赛场地，在第一次使用时其运动员没有交回该比赛场地地图。

代表队有成员在赛前勘察过比赛场地，取消该队所有场次比赛资格。

有下列情况，对教练员禁赛：

（1）在国际赛事中，有损国家形象；

（2）组织运动员提前勘察赛场；

（3）一场比赛中有3名运动员接受同队队员帮助或帮助同队队员。

附录 1　检查点符号解释

符号解释

给出 ISOM 索引号用来指示出该符号与 ISOM2000 地图符号规范的关联。

C列　相似地形特征点中的哪一个

索引	符号	名称	详细说明
0.1	↑	北边的	检查点圆圈中两个相似地形特征点中北边的那一个；或两个以上的相似地形特征点中最北边的那一个
0.2	↘	东南边的	检查点圆圈中两个相似地形特征点中东南边的那一个；或两个以上的相似地形特征点中最靠东南边的那一个
0.3	●—	上面的	检查点位于另一个相似地形特征点的正上方
0.4	—●	下面的	检查点位于另一个相似地形特征点的正下方
0.5	╽╿	中间的	检查点圆圈中有多个相似地形特征点，中间的那一个

D列　检查点所在地形特征点
地貌 (ISOM 第 4.1 节)

索引	符号	名称	详细说明	ISOM
1.1	⫾	台地	山坡上平缓区域	

索引	符号	名称	详细说明	ISOM
1.2		山凸	等高线的凸出部位；或坡地上的"鼻状"凸起部分（也叫山垄）	
1.3		山凹	等高线的凹入部位；小山谷；与山凸相反	
1.4		土坎	能从周围环境中清晰地识别出来的地面上的有明显变化的地貌特征	106
1.5		采挖场	开采砾石、沙石或石头的开采场	106
1.6		土垣	凸出在地表面上的狭长土墙，有些表面会砌有石头，通常是人造的。若土墙是倒塌的，用符号 8.11 来补充说明	107 108
1.7		冲沟	受雨水冲蚀而成通常没有水的沟	109
1.8		小冲沟	受雨水冲蚀而成通常没有水的小沟	110
1.9		丘	在地图上可以用等高线表示的小山包	101 111
1.10		小丘	高出地面的小高地。与符号 8.6 一起使用表示沙石丘。在地图上没有办法用等高线表示时使用	112 113
1.11		鞍部	相邻两个高地之间马鞍状的地貌	
1.12		洼地	在地图上可以用等高线表示的中间低凹部分用此符号	114
1.13		小凹地	小而浅的，自然形成的，中间低、四周围高的低凹地	115
1.14		坑	有明显边缘的深坑。与符号 8.6 一起使用表示石坑	116 204
1.15		坑穴地	有很多明显的、杂乱的小坑或动物的洞穴，以至于不能单独、具体地在地图上显示的区域	117
1.16		蚁堆	蚂蚁建起的小高地，是蚁穴	

岩石与石块（ISOM 第 4.2 节）

索引	符号	名称	详细说明	ISOM
2.1		陡崖	表面是石质的陡崖。有的不能通过，有的可以通过	201 203
2.2		岩石柱	很高的天然石柱	202
2.3		山洞	入口在岩石表面的洞，通常是通向地下进行开采的出入口	205
2.4		石块	独立而突出的大岩石	206 207
2.5		石块地	在区域内有很多大小石头，不能在地图上逐一单独标绘石块的地方	208
2.6		石垒	一些石块聚在一起，形成明显的一堆一堆的石块群。其中单个石块不能在地图上单独标绘	209
2.7		砾石地	有很多的小石头或碎石覆盖的地面	210
2.8		露岩地	可跑性好的，没有被任何东西覆盖的，上面比较平的大的岩石面	
2.9		峡路	两个石壁或陡崖之间可以通行的狭缝	

水系与沼泽（ISOM 第 4.3 节）

索引	符号	名称	详细说明	ISOM
3.1		湖泊	通常不能通行的大面积水域	301
3.2		池塘	小区域的水	302
3.3		水坑	有水的坑或洼地	303
3.4		河流	天然河流，运河。河水可以静止，也可以流动	304 306

续表

索引	符号	名称	详细说明	ISOM
3.5		季节性水道	有时有水，有时无水通过的，天然的或人工的小水道。包含随季节变化的时令河	307
3.6		狭长沼泽地	很小的湿地或不明显的小溪。因为太小而不能在地图上用沼泽符号表示	308
3.7		沼泽地	长期长有植被的湿地	309 311
3.8		沼泽地中的硬地	沼泽地中或两个沼泽地之间不是沼泽的区域	309 311
3.9		井	有明显的人工建筑围着的小水体	312
3.10		泉	有明显的水涌出的源点	313
3.11		蓄水池	人造的，用来装水的容器	

植被（ISOM 第 4.4 节）

索引	符号	名称	详细说明	ISOM
4.1		开阔地	没树林的地方。如草原、牧场、田地和荒野	401 403
4.2		半开阔地	有依稀树林的空旷地	402 404
4.3		树林拐角	树林与空地明显拐弯的地方	
4.4		林中空地	树林中没有树木的空地	401 403
4.5		浓密树丛	一片长满了灌木或下层丛林过于浓密，难以通行的植被区域	408 410
4.6		线状树丛	人工种植的线状树木或灌木丛。难以通行	410

续表

索引	符号	名称	详细说明	ISOM
4.7		植被分界	不同种类植物的明显分界线	416
4.8		小片树林	开阔地中的一小片树林	405 406
4.9		突出树	在开阔地和树林中与众不同的，具有方位意义的单棵树。通常也给出树的种类	
4.10		树桩	被砍去树干的余下根部的树桩。树倒之后露出地面的、有或没有树干的树根部	

人工地形特征物（IOSM 第 4.5 节）

索引	符号	名称	详细说明	ISOM
5.1		公路	在日常情况下各种车辆可以行走的铺筑路面公路或土质公路	501 ～ 504
5.2		小路大车路	人造或因人和动物行走而形成的可见的小路径。可供农用车、越野车行驶的路	505 ～ 508
5.3		林道	没有小路穿过的明显林间线状间隔	509
5.4		桥	横跨过河道或其他线状特征的行路通道	512 513
5.5		输电线	电线、电话线、空中索道	516 517
5.6		高压线铁塔	用来支持电线、电话线、空中索道	516 517
5.7		隧道	在地下的通道	518
5.8		墙、垣	用石头砌成的作分界线的墙，表面砌有石头的堤坝。与符号 8.11 一起使用表示倒塌的墙	519 ～ 521
5.9		围栏	用金属丝、木料做成的分界线。与符号 8.11 一起使用表示荒废的围栏	522 ～ 524

索引	符号	名称	详细说明	ISOM
5.10		通过点	可以通过、跨过的围墙、围栏或管道的出入口	525
5.11		建筑物	用石、木材、砖等建成的建筑物	526
5.12		铺筑硬地	人工铺筑的用来停放车辆或有其他用途的硬地面	529
5.13		废墟	建筑物倒塌后的遗迹	530
5.14		管道	在地面上的输油管、输气管等	533 534
5.15		塔形建筑	金属结构、木材结构、砖块结构的塔，多数是为了森林观测而建造的	535 536
5.16		狩猎台	筑在树上的平台，方便猎人在上面坐	536
5.17		界碑	用石头做的分界碑	537
5.18		食槽	用来喂动物吃饲料的建筑	538
5.19		炭灰堆	木柴烧过后，余下的灰	
5.20		雕像	纪念碑、纪念物、雕像	
5.23		下面可以通行建筑	通过房屋的道路，上面有拱形的盖，如走廊	852
5.24		阶梯	楼梯，最少可以有两个阶梯	862

特殊地形特征

索引	符号	名称	详细说明
6.1	✕	特别地物	如果使用该符号其含义需要事先通知选手
6.2	◯	特别地物	如果使用该符号其含义需要事先通知选手

地方性特殊地特征

通常不推荐使用当地的符号。如果在国际赛事使用当地的符号，需要事先把其含义通知选手。

索引	符号	名称	详细说明
7.n		符号的含义	点标说明符号的详细说明

E 列　外观细节

索引	符号	名称	详细说明
8.1	⌢	低的	特指低或平的地形特征物点，在地图上没有显示出来。例如：低的小山
8.2	⌣	浅的	特指浅的地形特征点，在地图上没有显示出来。例如：浅的山谷
8.3	⋃	深的	特指深的地形特征点，在地图上没有显示出来。例如：深的坑
8.4	▦	丛生的	特指被灌木丛覆盖，但是没有在地图上指示出来。例如：杂草丛生的废墟
8.5	⸬	空旷的	指那些长着的树木比周围少的地方。但是，没有在地图上指示出来。例如：空旷的沼泽地
8.6	▲▲	石质的	指地形特征点是一个岩石的区域，并没有在地图上指示出来。如：岩石坑
8.7	≡	沼泽化的	指地形特征点是一个沼泽化的区域，并没有在地图上指示出来。如：沼泽化的山谷
8.8	⣿	沙漠化的	指地形特征点是在一个沙漠的区域，并且没有在地图上指示出来。如：沙漠化的山凸

索引	符号	名称	详细说明
8.9		针叶的	树木的特征，叶是针叶形的。如：针叶形的突出树
8.10		阔叶的	树木的特征，叶是阔叶形的。如：阔叶小树林
8.11		倒塌的	指那些已经倒塌的地形特征物。如：倒塌的围栏

尺寸

索引	符号	名称	详细说明
9.1	2.5	比高	地形特征点的高度或深度。单位为米
9.2	8×4	尺寸	水平方向上的尺寸大小。单位为米
9.3	0.5 / 3.0	坡度比高	地形特征点在坡道上的高度比。单位为米
9.4	2.0 3.0	各高	两个地形特征点，各自的高度。单位为米

组合

索引	符号	名称	详细说明	ISOM
10.1	×	交叉	两个线状物交叉	
10.2	Y	汇合	两个线状物汇合	

注：F栏使用这两个符号表示交叉或汇合，D栏和E栏的地形特征物必须标出来。

示例：

D	E	F		
		×	小路交叉	两个相似地形特征的交叉点
		×	林道与河流的交叉	两个不同地形特征的交叉点

续表

D	E	F		
╱	╱	Ｙ	大路交汇	两个相似地形特征的交汇点
〜	⋰	Ｙ	河流与小沼泽地的交汇	两个不同地形特征的交汇点

G列　检查点的位置

索引	符号	名称	详细说明
11.1	◯	东北侧	凸出地面的地形特征点的外侧。如：石块的东北侧；废墟的西侧
11.2	◖	东南边缘	（1）陷入地面的地形特征物，检查点就放在其边缘。如：洼地的东南边缘。（2）用在有明显界线的地形特征，检查点就放置在这些地形特征点的边界。如：沼泽地的西边缘；空旷地的西北边缘
11.3	⊙	西部	有明显界线的地形特征物，检查点就放置在中心与边缘之间的某个方位。如：沼泽地的西部；洼地的东南部
11.4	⟩	东拐角内	（1）地形特征物的边界转弯的内部角度为45～135度。如：开阔地的东拐角内；废墟的西北拐角内（2）线状地形特征物的转弯拐角；如：围栏的南拐角内
11.5	⋁	南拐角外	符号指出方位是拐角的顶端。如：墙的西拐角外
11.6	⋅⋁	西南角	地形特征点的边缘拐角的角度小于45度。如：沼泽地的西南角
11.7	⟨	拐弯	用来表示线状地形特征物平滑地改变方向。如：小路的拐弯；河流拐弯
11.8	⟨	西北端	表示线状地形特征物的头（末）端。如：林道的西北末端；石墙的南尾端
11.9	╎│	上部	表示该地形特征物有两条以上的等高线，而检查点就放在接近该地形特征物顶端的地方。如：冲沟的上部
11.10	│⋮│	下部	检查点被置于有两条以上等高线的地形特征物接近于底部的地方。如：山凹的下部
11.11	⋂	顶部	检查点放在地形特征物的最高点的特殊位置。如：陡崖的顶部

索引	符号	名称	详细说明
11.12		在底下	检查点在地形特征物的下面。如：管道的下面
11.13		在脚下	检查点放置于斜坡与地面的交汇处。如：土墙的脚下
11.14		东北脚下	同上面所说，但是所表示的地形特征物一般比较大，在其周围放置了多个点。如：山丘的东北脚下
11.15		两者之间	检查点被放置于两个地形特征物之间。如：两个灌木丛之间。石块与小山丘之间

注：11.15"两者之间"在G列使用，表示在D和E列两个地形特征物之间。因此D和E列这时必须给出。

示例：

D	E	F	G		
				两片浓密树丛之间	两个相似地形特征物之间
				石块与土墩之间	两个不相似地形特征物之间

H列　其他说明

索引	符号	名称	详细说明
12.1		医疗站	该检查点上可以找到医护人员
12.2		饮料站	该检查点上可以找到饮料
12.3		电话	该检查点上有通信设备
12.4		工作人员	该检查点上有赛会的工作人员

指定路线说明

指定路线可以在检查点说明表中呈现给运动员。通常指定路线是强调地图上标示出来的必经路线或者必经通道。

1.从指定的路线离开检查点或者从前一个检查点到下一检查点。

索引	符号	含义、详细说明
13.1	○ - - - 60 m - - →	离开前一检查点，必须按有引导标志的 60 米路线通过
13.2	○ - - - 300 m - - ○	从前一个检查点到下一个检查点，必须按有引导标志的 300 米路线通过

2.指定通过两检查点之间的必经跨越点或通道。

索引	符号	含义、详细说明
13.3	⋈ ⤬ ⋈	必须按指定的出入口通过
13.4	⋈ ⟩—⟨ ⋈	必须按指定的通道通过

3.指定交换地图路线，从检查点到交换地图位置有引导标志。必须在第一部分比赛路线的最后的检查点说明后面给出。

索引	符号	含义、详细说明
13.5	○ - - - 50 m - - → △	从前一个检查点到交换地图的地方，必须按有引导标志的 50 米路线通过

4.指定从最后一个检查点到终点站的路线。

索引	符号	含义、详细说明
14.1	○ - - 400 m - - →○	从最后检查点到终点，必须按有引导标志的 400 米路线通过
14.2	○ ⟩— 150 m - - →○	从最后检查点到终点，到达岔路口必须按有引导标志的 150 米路线通过
14.3	⋈ 380 m - - →◎	从最后检查点到终点，直线距离 380 米，没有指定路线

附录 2 定向运动图例与实景案例

定向运动是基于地图的运动，熟练掌握地图图例是玩转定向运动的基本功。本书依照 IOF（国际定联）发布的 ISSprOM 2019 制图规范所述（图中编号与制图规范所标编号一致），从参与者角度出发，对短距离定向运动中涉及的图例进行简单扼要的翻译与说明。

特别注意：由于实地情况复杂多样，本书不可能列举所有可能性，实景图片仅作为参考（个别运动图例因实景图比较常见，故未提供），以帮助学习者理解。多持不同的定向地图进行专项练习，永远是提高定向运动水平最有效的办法。

一、人造物

定向运动起源于野外，但由于野外定向比赛在观赏性和可普及性方面相对较差，因此，将定向运动从野外引入城镇是定向运动发展的一个趋势，也是更多人了解定向运动和参与定向运动的有效途径。

在城镇中的定向运动通常会遇到人造物这个图例，并且该图例在定向运动中所占比重会比较大，故这一类目近些年随着定向运动在城镇中的发展而逐渐丰富起来。

501　铺砌区域

附图 2-1　铺砌区域（Paved area）图例

（铺砌区域是由沥青、硬砾石、瓷砖、混凝土之类材料铺砌而成的坚实表面区域。）

501.1　铺砌区台阶或边缘

附图 2-2　铺砌区台阶或边缘（Step or edge of paved area）图例

（铺砌区域范围内的边线除非具有指向功能，否则不予体现。深色代表人车流量大的主干道，浅色代表次要道路。）

501.2　跨线桥

附图 2-3　跨线桥（Paved area in multilevel structures）图例及实景案例

501.3 稀树铺砌区

附图 2-4　稀树铺砌区（Paved area with scattered trees）图例及实景案例

505 土路

附图 2-5　土路（Unpaved footpath or track）图例及实景案例

506 小径

附图 2-6　小径（Small unpaved footpath or track）图例及实景案例

507　不明显小径

附图 2-7　不明显小径（Less distinct small path）
图例及实景案例

508　林间走廊

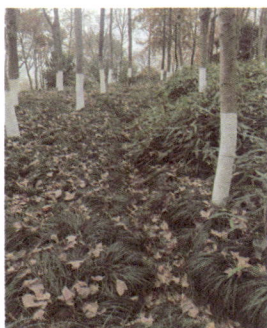

附图 2-8　林间走廊（Narrow ride）图例及实景案例

（林间走廊通常出现在种植园／人造林中，因日常通行量低，未形成明显路径。）

509.1　铁路

附图 2-9　铁路（Railway）图例及实景案例

（如禁止横穿铁路，则两边加以黄绿色的禁入区域符号。）

509.2 轨道

附图 2-10　轨道（Tramway）图例及实景案例

（一般指市内铺设的、有轨电车使用的轨道。）

510 电力线、索道或缆索

附图 2-11　电力线、索道或缆索（Power line, cableway or skilift）

图例及实景案例

（符号上的短线表示桩／柱或塔在线（索道）的精确位置。若随道路建设，对定位不能起到额外辅助的作用，则可省略。）

511 主输电线

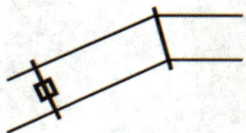

附图 2-12　主输电线（Major power line）图例及实景案例

（双线绘制，两线之间的间距应准确反映输电设施的现地宽度。）

512.1 桥

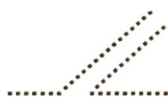

附图 2-13　桥（Bridge）图例

512.2 地下通道或隧道

附图 2-14　地下通道或隧道（Underpass or tunnel）

图例及实景案例

513.1 可翻越墙

附图 2-15　可翻越墙（Passable wall）图例及实景案例

（砖、石、混凝土等砌成的低于 1.5 米、可翻越的墙体。）

513.2 可翻越挡土墙

附图 2-16　可翻越挡土墙（Passable retained wall）图例及实景案例

（半圆点朝向低处。）

515 不可翻越的墙

附图 2-17　不可翻越的墙（Impassable wall）图例及实景案例
（主要是指围墙本身围护的功能性作用，设置不允许翻越。）

516 可通过的篱笆或栏杆

附图 2-18　可通过的篱笆或栏杆（Passable fence or railing）
图例及实景案例

518 不可通过的篱笆或栏杆

附图 2-19　不可通过的篱笆或栏杆（Impassable fence or railing）
图例及实景案例

519 可通点

附图 2-20　可通点[Crossing point（optional）]图例及实景案例
（必须是参赛者可轻松通过的篱笆、栏杆或者墙体开口，狭小通
过点在地图上应不予显示，同时在活动期间应关闭。）

520　禁入区

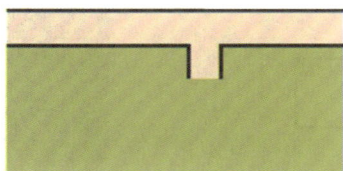

附图 2-21　禁入区（Area that shall not be entered）图例

（诸如私人领地、花圃、铁路沿线等禁止入内区域。除非该区域内特征物非常明显，比如铁路、摩天大楼或巨树，否则不会显示细节特征，但入口处一定会清晰地标明。如果整个禁入区包含在建筑物内，则在地图上视为该建筑物的一部分用以表达，不单独以黄绿色符号区别。）

521　建筑物

附图 2-22　建筑物（Building）图例

522　遮篷区

附图 2-23　遮篷区（Canopy）图例及实景案例

（通常是用桩、柱或墙来支撑顶部的结构，诸如过道、门洞、公交车站、加油站、车库等。）

522.1 桩、柱

附图 2-24　桩、柱（Pillar）图例及实景案例

524 高塔/大塔架

附图 2-25　高塔/大塔架（High tower）图例及实景案例

525 小塔

附图 2-26　小塔（Small tower）图例及实景案例

（明显的小塔、瞭望台、基座等。）

526 石碑、石标、小纪念碑或界石

附图 2-27　石碑、石标、小纪念碑或界石（Cairn, memorial, small monument or boundary stone）图例及实景案例

527　饲料架

附图 2-28　饲料架（Fodder rack）图例及实景案例

528　明显管线特征物

附图 2-29　明显管线特征物（Prominent line feature）图例及实景案例

（人造，可以是天然气管、水管、油管、暖气管，也可以是类似长雪橇一样的半圆管状赛道等，具体代表什么图例中将明确说明。）

529　明显不可通行的管线特征物

附图 2-30　明显不可通行的管线特征物（Prominent impassable line feature）图例及实景案例

（形式同 528，但不可通行。）

530　人造特征物O

附图 2-31　人造特征物O型（Prominent man-made feature-ring）图例

（用于代表任何具有显著特征的人造地物，图例中会明确说明。）

531 人造特征物X

附图 2-32　人造特征物X型（Prominent man-made feature-X）图例
（用于代表任何具有显著特征的人造地物，图例中会明确说明。）

532 阶梯

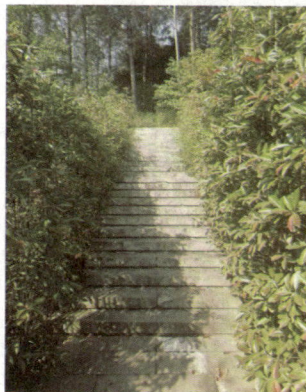

附图 2-33　阶梯（Stairway）图例及实景案例

二、植被

植被是指地球表面某一地区所覆盖的植物群落。它在全球的形态分布与气候、土壤、地形、水源以及动物密切相关。

在定向越野中，植被的分类方式主要依据"影响行进的程度"进行划分，标注在定向地图中是为了让运动员能够快速、准确地判断行进方向和线路，确保安全，避免进入危险区域。

本文在编撰过程中，尽可能地寻找典型实景进行描述，但在现实中实际情况会更加复杂多变。

401　空地

附图 2-34　空地（Open land）图例及实景案例

（没有树木，非常适合奔跑的区域，诸如耕地、草坪、牧场、草原等。）

402　稀树空地

附图 2-35　稀树空地（Open land with scattered trees）图例及实景案例

（类似草地的区域中零星分布一些乔木和灌木，非常适合奔跑。白点：散布树木；绿点：散布灌木。）

403　杂乱空地

附图 2-36　杂乱空地（Rough open land）图例及实景案例

［杂草和灌木丛生的荒地、砍伐区、新植林（树高低于 1 米）或者诸如长势较高的杂草地等。］

404 稀树杂乱空地

附图 2-37　稀树杂乱空地（Rough open land with scattered trees）
图例及实景案例

（杂乱空地中零星分布一些乔木和灌木，视野相对开阔，不利于
奔跑。白点：散布树木；绿点：散布灌木。）

405 林区

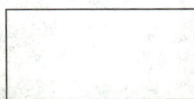

附图 2-38　林区（Forest）图例及实景案例

（易跑，开阔。）

406 植被：慢跑

附图 2-39　植被（Vegetation）图例及实景案例

（慢跑，植被较密，区域内视野较差，配速下降到空地配速的
60%～80%，若某个方向更易行进，则用白条纹指向易跑方向。）

407 植被：慢跑，视野佳

附图 2-40　植被（Vegetation）图例及实景案例

（慢跑，视野佳。视野开阔，但是脚下受到植被影响，配速下降到空地配速的 60% ～ 80%，诸如荆棘地、石楠地、矮灌木、伐木区等。）

408 植被：徒步

附图 2-41　植被（Vegetation）图例及实景案例

（徒步，密布树木或者灌木，视野差，配速下降到空地配速的 20% ～ 60%。若某个方向更易行进，则根据提速效果，使用白条纹或 30%绿条纹指向易跑方向。）

409 植被：徒步，视野佳

附图 2-42　植被（Vegetation）图例及实景案例

（徒步，视野佳。视野开阔，但是脚下受到植被影响，配速下降到空地配速的 20%～60%，诸如荆棘地、石楠地、矮灌木、伐木区等。）

410 不可通行植被

附图 2-43　不可通行植被（Impassable vegetation）

图例及实景案例

411 单向可跑树林

附图 2-44　单向可跑树林（One way to the woods）

图例及实景案例

412 耕地

附图 2-45 耕地（Cultivated land）图例及实景案例

（受到实际耕作情况影响，如有耕种作物则应设为禁入区。）

413 果园

附图 2-46 果园（Orchard）图例及实景案例

（根据实际情况，结合 401 空地或 403 杂乱空地形成果园符号。）

414 葡萄园或类似园地

附图 2-47 葡萄园或类似园地（Vineyard or similar）图例及实景案例

（成排种植，结合 401 空地或 403 杂乱空地形成葡萄园或类似园地符号，单向好跑或者易跑，绿虚线朝向为奔跑方向。）

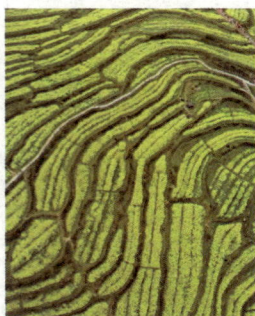

415 明显耕地界线

附图 2-48　明显耕地界线（Distinct cultivation boundary）图例及实景案例

（在没有篱笆、墙、路等划分耕地、植被边界时，或表示耕地之间的永久分界线时，使用该符号。）

416 明显植被边界

附图 2-49　明显植被边界（Distinct vegetation boundary）
图例及实景案例

（用在林区边缘或林区内的非常显著的植被交界处，如若植被边界不清，则交界处仅用植被符号本身进行区别。）

417 显眼巨木

附图 2-50　显眼巨木（Prominent large tree）图例及实景案例

418 显眼灌木丛或小树

附图 2-51　显眼灌木丛或小树（Prominent bush or small tree）图例及实景案例

419 显著植被特征

附图 2-52　显著植被特征（Prominent vegetation feature）图例

（视现地具体情况而定。）

三、水系与沼泽

301 不可徒涉水域

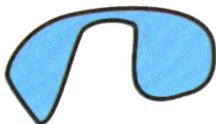

附图 2-53　不可徒涉水域（Uncrossable body of water）图例及实景案例

（诸如湖泊、池塘、河流或大型喷泉。）

302 可徒涉水域

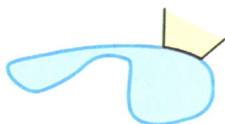

附图 2-54　可徒涉水域（Crossable body of water）图例及实景案例

（深度低于 0.5 米。）

303 水坑

附图 2-55　水坑（Waterhole）图例及实景案例

305 可徒涉小水道

附图 2-56　可徒涉小水道（Small crossable watercourse）

图例及实景案例

（宽度在 2 米内。）

306 季节性水道

附图 2-57　季节性水道（Minor/seasonal watercourse）

图例及实景案例

（天然或人工修建的，由于各种原因所致间歇性干涸的水道。）

307 不可徒涉沼泽

附图 2-58 不可徒涉沼泽（Uncrossable marsh）
图例及实景案例

（具有危险性的沼泽地。）

308 沼泽

附图 2-59 沼泽（Marsh）图例及实景案例

（通常出现在区交界处，与植被符号叠用，用于表达可奔跑程度和视野开阔程度。）

309 狭窄沼泽

附图 2-60 狭窄沼泽（Narrow marsh）图例及实景案例

（由于形状过于狭窄，不构成面的沼泽或涓流。）

310 不明显沼泽

附图 2-61　不明显沼泽（Indistinct marsh）
图例及实景案例

（受到气候或其他因素影响，导致沼泽特征不显著的区域，通常与植被符号叠用，用于表达可奔跑程度和视野开阔程度。）

311 小喷泉或水井

附图 2-62　小喷泉或水井（Small fountain or well）图例及实景案例

（直径至少 1 米，高至少 0.5 米。）

312 泉

附图 2-63　泉（Spring）图例及实景案例

（通过泉符号和水道符号的组合使用，可以明确指出泉眼位置以及泉水流向。泉的符号开口指向下游方向。）

313　显著水体特征物

附图 2-64　显著水体特征物（Prominent water feature）图例

（视现地具体情况而定。）

四、岩石与大圆石

在定向运动中，根据具体环境不同，岩石与大圆石可以作为较为准确的参照物。

201　不可通行陡崖

附图 2-65　不可通行陡崖（Impassble cliff）图例及实景案例

（涵盖各类悬崖峭壁，齿线方向是悬崖底的方向。高度至少 1.5 米。）

202　可通行岩壁

附图 2-66　可通行岩壁（Passable rock face）图例及实景案例

（齿线方向为底部方向。高度至少 0.6 米。）

203 岩坑、岩洞

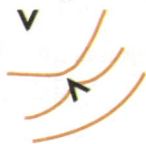

附图 2-67　岩坑、岩洞（Rocky pit or cave）图例及实景案例

（会对参与者构成实质危险的坑洞，深度至少 0.5 米。）

204 大圆石

附图 2-68　大圆石（Boulder）图例及实景案例

（直径 2.4 米内。）

205 巨大圆石

附图 2-69　巨大圆石（Large boulder）图例及实景案例

（直径 3.6 米内。）

206　超大型圆石或岩柱

附图 2-70　超大型圆石或岩柱（Gigantic boulder or rock pillar）

图例及实景案例

（最小占地面积 12 平方米。）

207　大圆石群

附图 2-71　大圆石群（Boulder cluster）图例及实景案例

（在某个区域密集出现大圆石群落，以至于无法将每块大石用单独的符号表示时，使用该符号替代，总体高度不低于 0.5 米。）

208　石块地

附图 2-72　石块地（Boulder field）图例及实景案例

（某个区域内遍布石块，符号的疏密程度决定奔跑速度的快慢。）

210 碎石地

附图 2-73　碎石地（Stony ground）图例及实景案例

（地面由碎石子构成，会大大降低奔跑速度。）

213 开阔沙地

附图 2-74　开阔沙地（Open sandy ground）图例及实景案例

（没有植被覆盖的，会降低奔跑速度的沙地或厚砾石层地面。）

214 裸露岩面

附图 2-75　裸露岩面（Bare rock）图例及实景案例

（完全没有植被、泥土覆盖的光秃岩石表面。）

五、地貌

等高线：同样高程的点连成的闭合曲线。见附图 2-76。

一般而言，每五条等高线是 4 细 1 粗的组合，细的等高线叫首曲线，粗的叫计曲线。

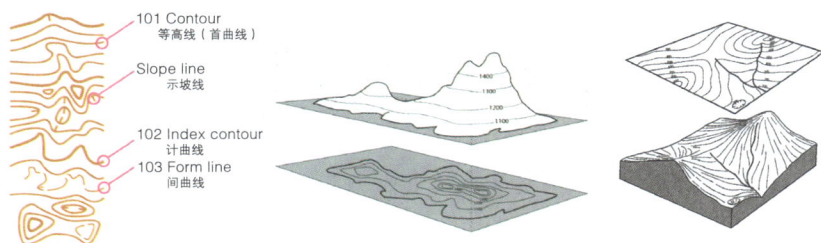

附图 2-76　等高线

有时候，由于地势平坦、高差不足，造成一般等高线不足以表达局部地貌特征，此时需要借助外观为虚线、代表 1/2 基本等高距的"间曲线"补充表达。

示坡线是垂直于等高线的一条小短线，它总是指向海拔较低的地方，也就是下坡方向。

制图师将实测所得的等高线数据，转化为地图上的等高线，是 3D 转 2D 的过程，就像是把整个山体压扁，或是做一个平面投影，将所有信息压缩到一张纸上。见附图 2-77。

104 土坎

附图 2-77　土坎（Earth bank）图例及实景案例

（一种明显区别于周围地貌的陡然变化。诸如局部塌方出现的地势落差，或是一些砾石坑、沙坑，抑或者是公路铁路的路堤、路坡。该符号有粗细之分，粗的代表较高的土坎，细的代表较低的土坎，均可翻越。）

105 小土墙

附图 2-78　小土墙（Small earth wall）图例及实景案例
（通常是人工修建的，规模较小。高度至少 0.5 米。）

107 冲沟或堑壕

附图 2-79　冲沟或堑壕（Erosion gully or trench）图例及实景案例
（深度至少 1 米。）

108 小冲沟或干沟

附图 2-80　小冲沟或干沟（Small erosion gully）图例及实景案例
（深度至少 0.5 米。）

109 小丘、土堆

附图 2-81　小丘、土堆（Small knoll）图例及实景案例

（不能依比例尺用等高线表示的小而明显的地势隆起，高度至少 0.5 米。）

110 小型狭长土堆

附图 2-82　小型狭长土堆（Small elongated knoll）

图例及实景案例

（不能依比例尺用等高线表示的，小而明显的狭长形地势隆起。长不超过 6 米，宽不超过 2 米，高度至少 1 米。）

111 小凹地

附图 2-83　小凹地（Small depression）图例及实景案例

（无法用等高线表示的天然凹地或洼坑，直径至少 1 米，深度至少 0.5 米。）

112 土坑或土洞

附图 2-84 土坑或土洞（Pit or hole）图例及实景案例

（具有明显陡峭边缘的坑地、土洞。直径至少1米，深度至少0.5米。）

113 破碎地面

附图 2-85 破碎地面（Broken ground）图例及实景案例

（一片密集分布坑洼或土堆的区域，若情况过于复杂无法描述细节用该符号表示。）

115 显著地貌特征

附图 2-86 显著地貌特征（Prominent landform feature）图例

（小而重要或者特别明显的地貌特征物，视现地具体情况而定。）

参考文献

［1］王翔，彭光辉，梁方勇，等.定向运动［M］.北京：高等教育出版社，2009.

［2］王翔，彭光辉，张新安，等.定向运动［M］.北京：高等教育出版社，2005.

［3］诸葛伟民，朱建清.定向运动［M］.北京：高等教育出版社，2004.

［4］浙江省体育局.定向运动/无线电测向［M］.北京：光明日报出版社，2016.